고마리처럼

고마리처럼

강천 수필집

수필과비평사

■ 작가의 말

　고마리 꽃이 흐드러지게 피어나는 가을입니다. 산 아래 작은 개울이 온통 웃음으로 넘쳐납니다. 보잘것없어, 부러 찾지 않으면 있는지 없는지도 모르는 식물이 고마리입니다. 그래서 나는 고마리를 좋아합니다. 특별한 것도 없고 내세울 것도 없지만, 제게 주어진 대로의 삶을 억척스럽게 살아가는 모습 때문일 것입니다.
　나는 자칭 생태활동가입니다. 남들에게 소개할 때나 프로필을 낼 때도 생태활동가라고 말하고 쓰는 것을 좋아합니다. 그렇다고 거창한 명분을 내걸고 무슨 단체 활동을 한다거나, 전문직으로 일하는 것은 아닙니다. 그저 자연과 어우러져 교감하고, 그들의 처지를 이해해 보려는 차원에서 그렇게 말하고 노력하는 정도일 뿐입니다. 생태 중에서도 특히 관심을 가지는 분야는 식물입니다. 어릴 때 시골에서 자란 탓도 있겠지만, 취미활동으로 시작한 식물탐사가 어언 이십 년이 되어가니 컴

퓨터 속의 내 화원에서는 온갖 식물들이 꽃을 피우고 있습니다.

풀꽃들의 한살이나 우리네 사람살이나 별스레 다를 것이 없다는 생각을 많이 하게 됩니다. 커다란 나무의 헤아릴 수 없는 생명력, 가느다란 풀포기의 지혜로운 삶은 오히려 경이로움입니다. 하나하나가 다 역동적이고 파란만장한 사연을 가지고 있기 때문입니다. 고난스러운 현실을 살아가는 현대인들에게 인기 있는 숲 치유도 따지고 보면 자연에서 위로받고자 하는 절박한 마음이 아닐까 합니다. 나는 자연과 인간이 공유하는 공통의 감성과 교감영역을 찾아, 공존하고 서로 위로받는 글을 쓰고자 합니다. 인간과 자연은 별개가 아니라, 공동운명체라는 믿음이기 때문입니다.

문학에 대해 문외한이었던 부족한 사람을 글쓰기의 길로 이끌어 주시고, 졸작에 해설까지 붙여준 하길남 교수님과 붓꽃 문우님들께 감사의 말씀을 전합니다. 나태해지지 않도록 언제나 격려해주시는 백남오 교수님과 진등재 문우님들, 수필과 비평 작가회의 임영주 회장님과 경남지부 회원님들의 고마움도 가슴에 새기겠습니다. 날카로운 합평회로 작품을 평해주시는 경남수필문학회 선생님들과 물심으로 편달해 주신 모든 분께도 감사드립니다. 들로 산으로 쏘다니느라 소홀했을 가정사에도 불구하고 내색 없이 대해주는 아내와 아이들에게 미안한 마음을 전합니다.

2016년 고마리 꽃이 피는 즈음에

강천

■ 차례

4   작가의 말

1부_바람 따라 꽃 따라

13	여름숲에서
17	바람 따라 꽃 따라
21	꽃반지
25	돌양지꽃
29	칠보치마
33	부평초
37	달개비
41	심봤다
46	질빵풀 사랑
50	탱자나무
53	개망초
56	망우초

2부_고마리처럼

- 63   똥두디 아이가
- 67   들국화
- 71   고마리처럼
- 75   숲길
- 79   억새밭에서의 고독
- 83   꿈속의 사랑
- 85   지네와 비수리
- 89   은행나무 행복론
- 92   쑥부쟁이 인연
- 96   참나무
- 100 겨울나무
- 104 내 마음의 동백

3부_미안하다 보춘화야

109 낙동강의 할미꽃
113 봄까치꽃
115 처녀치마
117 북향화
121 버들강아지
125 산자고
127 꽃다지
129 미안하다 보춘화야
134 느티나무
138 제비꽃
142 찔레꽃
146 민들레
148 천지

4부_뚜루루루 뚜루루루

153　천선과
157　감나무
161　똥바가지 쌀바가지
165　뚜루루루 뚜루루루
169　폐허
173　봄날
177　덕항산
181　다람쥐
185　고구마 캐는 날
189　갯버들
193　돌아서야 할 때
197　낯선 길
201　어머니

205　작품해설•문학평론가 **하길남**
　　　자연의 이치와 인간적인 삶

1부
바람 따라 꽃 따라

여름숲에서
바람 따라 꽃 따라
꽃반지
돌양지꽃
칠보치마
부평초
달개비
심봤다
질빵풀 사랑
탱자나무
개망초
망우초

여름 숲에서

 한여름의 매미 소리를 즐기고 있다. 조금 시끄럽기는 하지만, 더위를 잊기에는 이만한 것도 없지 싶다. 커다란 나무 사이로 살랑살랑 오가는 남실바람을 맞으며, 꾸벅꾸벅 낮잠에 빠져보는 재미 또한 제법 쏠쏠하다.
 그럴듯한 번화가로 변해버린 읍내 한가운데에는 오래된 마을 숲이 남아있다. 굵직한 느티나무며 팽나무, 회화나무 고목들이 띄엄띄엄 자리하고 있어 여름이면 시원한 그늘을 만들어 준다. 울창했을 나무들은 개발이라는 명분으로 다 파헤쳐지고, 여기 남은 몇 그루가 겨우 명맥이나마 유지해 가고 있는 중이다. 아주 넓은 숲은 아니지만, 아파트가 밀집한 도심에 그나마 한 가닥 숨통을 틔워주는 소중한 녹색 공간이기도 하다.
 내가 사는 동네는 지리적으로 남쪽이 높다란 산으로 둘러싸여 있어,

시냇물이 북쪽으로 흘러나가는 곳이다. 옛사람들은 물이 북쪽으로 흐르면 정기가 역류해 좋지 않은 것으로 믿었다. 그래서 기운을 바로잡아 마을의 안녕과 풍요를 기원하는 뜻으로 나무를 심었다고 한다. 숲은 한겨울에 몰아치는 북풍을 막아주는 방풍림이기도 했고, 손님을 바래고 맞는 동구이자 마을 사람들의 모임터이기도 했다. 논밭이 아파트촌으로 변해버린 지금에는 작은 공원으로 꾸며져 사람들의 휴식공간으로서 역할을 대신하고 있다.

커다란 나무 둥치를 둥그렇게 감싸며 만들어 놓은 의자에 앉아 본다. 모처럼 가져보는 한낮의 여유로움이다. 놀이터에서 조잘거리는 아이들의 목소리가 나른하고, 나무 아래서 장기를 두는 어르신들의 모습이 낯설지 않다. 때 아니게 이 무슨 한갓진 호사스러움인가. 그다지 대단한 일을 하는 것도 아닌데, 마음만 바빠서 늘 허둥대었다. 날마다 지나치면서도 이 의자에 고즈넉이 앉아 몸으로 숲을 느껴 볼 엄두조차 내지 못했다. 등 굽은 팽나무에 기대어 세월의 숨결을 느껴보고도 싶었고, 이파리 끝을 간질이는 바람의 장난질을 즐겨보고도 싶었다. 무엇이 나를 그토록 속박하고 있었던 것일까. 이렇게, 그저 이렇게 앉아서 가만히 귀 기울이고, 무심히 바라만 보면 되는 것을.

불청객의 등장으로 흐트러졌던 균형이 원래대로 돌아오는 데는 약간의 시간이 필요한 모양이다. 한참을 고요히 앉아있으니 멈추었던 매미가 다시 울고, 달아났던 참새들이 돌아온다. 나도 드디어 이 숲 식구로 인정받았음일까. 스멀스멀 팔뚝을 기어오르는 개미들의 간지러운 느낌이 오히려 반갑다. 유년시절 뒷동산 소나무 아래서나 느껴보았던 희미

한 기억이다. 꼬물꼬물 벌레들이 쉼 없이 땅 위를 오가고, 커다란 사마귀 한 마리는 떡하니 발 앞에 버티고 서 있다. 이조차 자연이라 생각하며 가만히 그들에게 몸을 내맡겨 본다. 무더운 여름날 이 정도의 사치를 누려 보려면, 끊임없이 달려드는 날벌레의 귀찮음쯤은 당연히 감내해야 하지 않겠는가. 스르르 졸음이 몰려온다.

숲 속에는 그들만의 세상이 있다. 늙은 회화나무의 축축한 껍질에는 애기석위와 이끼들이 자리를 잡았다. 멧비둘기는 얼기설기 팽나무 가지에다 둥지를 틀고, 잠자리는 무엇이 그리 바쁜지 쉴 틈이 없다. 이파리 뒤에다 기하학적 도형을 새기는 애벌레도 있고, 이들을 노리는 딱새 한 마리는 두 눈을 부릅뜨고 두리번거린다. 피를 빨기 위해 혈안이 된 모기와의 치열한 전쟁터이고, 죽은 들쥐를 흙으로 돌려보내는 엄숙한 성역이기도 하다. 서로 각자 다른 듯 별개처럼 보이지만, 모두는 떼려야 뗄 수 없는 숲의 식구들이고 공동 운명체들이다.

이 집단 속에서 사람은 달갑지 않은 구성원이지 싶다. 마을 숲을 만든 주체이지만, 부조화의 원인이기도 한 까닭이다. 철제 울타리를 두르고, 바닥을 깨끗이 다듬어 잡초 하나 없는 오로지 나무만을 위한(?) 공간으로 만들어 놓았다. 주민들을 배려해 운동기구를 설치하고, 사나흘 걸러서 풀을 뽑으며 비질을 한다. 문득 가장자리에 행사를 알리느라 펼쳐놓은 울긋불긋한 현수막이 눈에 들어온다. 질긴 끈을 동여맨 나무에는 그 고난의 흔적이 역력하다. 걸개를 철거할 때 묶음 줄을 같이 풀어주지 않아서 생긴 생채기들이 여기저기 안쓰럽게 드러나 있다. 필요할 때와 소용이 다 한 뒤의 생각이 달라서 생긴 껄끄러운 상흔들이다. 나무에 대한 조그마한 배려심만 있었더라도 저리 흉한 몰골은 면하지 않았을까.

고상한 척 눈을 감고, 그럴듯한 글머리라도 찾아보려던 나의 가식적 인내가 한계에 도달했나 보다. 원래 주인들의 학대에 슬며시 손을 들고 말았다. 모기에 수탈당한 흔적이 가렵고, 살살거리는 개미의 이간질에 연신 겨드랑이를 긁어 댄다. 눈으로 달려드는 하루살이의 끈질긴 공격과 자로 잰 듯이 한 발 한 발 다가오는 애벌레의 시위에 기어코 항서를 내밀고 만다. 어릴 적에는 자연 속에서 온종일 잘도 놀았건만, 어쩌다 두세 시간을 견디지 못하는 신세가 되어버렸을까. 억새에 베이고, 풀쐐기에 쏘여도 침 한 번 바르고 말았던 기억이 아직도 생생한데, 이렇게 마을 숲에서조차 쫓겨나는 몸이 되고 말았다. 도시에 익숙해져 버린 생활이 문제였던 것일까. 좋고 편한 것만 찾아가려는 마음이 나를 이런 나약한 사람으로 만들어버린 것일까.

사실을 말하자면, 그들이 숲에서 나를 추방한 것은 아니다. 내가 그들과 어우러지지 못하고 스스로 도망친 것이 부정할 수 없는 현실이다. 그것도 생태활동가라고 자처하는 주제에.

바람 따라 꽃 따라

 홀로 나선다. 바람을 안고 사는 꽃, 바람꽃이 눈앞에 아른거려 견딜 수가 없어진 탓이다. 보고 싶으면 참지 못하고 가고 싶으면 떠나야 하는, 역마살처럼 대책 없는 병이 또 도진 모양이다.
 가벼운 흥분을 안고 설악산으로 발을 들인다. 들머리 오솔길에 푸르게 깔린 여름 내음이 싱그럽다. 길섶에는 풀꽃들이 무더위쯤이야 아랑곳없다는 듯, 한껏 제 품을 키우고 있다. 늦둥이 함박꽃나무가 나를 보고 아는 척을 한다. 냇가에 우뚝 서서 손을 흔들어대는 노루오줌의 분홍빛 유혹에 넋을 놓고 한참을 머뭇거린다. 수정처럼 맑은 물소리와 재잘거리는 새소리가 일상의 혼탁한 찌꺼기들을 시원하게 씻어준다. 우람하게 자란 키 큰 나무의 이파리들이 만들어 주는 그늘 길이 한동안 이어진다.
 잠깐의 즐거움 뒤에는 언제나 따라 오는 것이 있다. 오르고 또 올라야 하는 가풀막이다. 턱까지 치밀어 오르는 숨결과 박자를 맞추어 가야 하는 시련의 시간이 닥쳐온 것이다. 피해 가려야 피해갈 수 없는 이 오르막길은 체력의 한계를 넘나드는 고통이기도 하지만, 자신과 나누는 대화의 순간이기도 하다. 지난날을 돌이켜 보며 후회하기도 하고, 앞으로의 길을 생각하며 결의를 다져가는 소중한 한 걸음 한 걸음이다. 육신이 고통스러울수록 사유는 오히려 그 깊이를 더해간다. 그래서 사람들은 마음을 추스르고 위로를 얻기 위해, 고난을 자초하며 산을 오르는 것이 아닐까.

  도대체 꽃 한 송이가 무엇이건대 나는 이 먼 거리를 달려왔을까. 보아도 그만, 보지 않아도 그만인 조그마한 식물 한 포기가 내 삶에 있어 무슨 의미가 있을까. 왜 틈만 나면 상사를 앓듯 그리워하며 산으로 들로 미친 사람처럼 쏘다니느냐고 자신에게 물어본다. 그럴듯한 이유도 없고 내세울 만한 명분도 없다. 마음이 그렇게 하라 하고, 몸이 그리워할 뿐이다. 이십여 년 가까이 이 의문에 대해 궁구해 왔건만 아직도 찾지 못한 답이다. 어쩌면 영원히 그 답을 찾지 못할지도 모르는 일이다. 그저 '풀꽃이 눈에 밟혀 나서지 않으면 못살 것 같다.'는 것이 이유라면 어설픈 이유일 것이다.

  활짝 핀 꽃 한 송이를 보기 위해서는 몇 년씩이나 정성을 들이는 경우가 허다하다. 시도 때도 없이 찾아간다고 늘 볼 수 있는 것도 아니니, 피고 지는 잠깐의 시기를 맞추기가 쉽지 않은 까닭이다. 살다 보면 예기치 않게 바쁜 일이 생기기도 하고, 비가 와서 계획에 차질이 생기기도 한다. 가끔은 몸살을 앓기도 하고, 집안의 행사가 있어 미루어야 하는 상황도 드물지 않다. 벼르고 벼르던 계획이 어긋나면 일 년을 더 기다려야 하기에 안달복달 열병을 앓는다. 가슴에 응어리처럼 맺혀 있던 바람꽃을 이렇게 알맞은 시기에 찾게 되었으니 올해는 정말 운이 좋은 셈이다. 새로운 만남에 대한 즐거운 상상과 설렘이 있기에 고갯길의 헐떡임과 고달픔 정도는 기꺼이 감내하는 것이리라.

 걷다가, 걷다가 지쳐 주저앉고 싶을 지경에 이를 즈음 쉼터가 나타난다. 나뿐만 아니라 다른 이들의 체력적 한계도 여기쯤인가 하고 생각하니 조금은 위안이 된다. 가방을 내려놓고 푸념 아닌 푸념을 해 본다. '바람꽃아, 너는 왜 이렇게 험하고 높은 곳에만 사느냐.'고 하필이면 이렇게 무더운 여름날 산을 오르게 하느냐고 투덜거린다. 설악산은 바람꽃이 살 수 있는 최남단인 남방한계선으로 알려져 있다. 북방계 식물이라 차가운 곳을 좋아하는 습성을 가진 탓이다. 이렇게 귀하디귀하신 몸을 만나러 가는데 이 정도의 공조차 들이지 않는다면 바람꽃이 서운해 할 노릇이 아니겠는가.

 '끝나지 않는 길은 없다.'고 했던가. 발아래로 구름의 바다가 펼쳐진다. 운해 위로 우뚝우뚝 솟은 장엄한 설악의 영봉들이 신비롭기 이를 데 없다. 이런 환희와 감탄은 고통의 과정을 다 거치고 나서야 맛볼 수 있기에 더욱 소중한 것이리라. 그토록 갈망하던 산봉우리에 올랐다. 하얗게 피어있는 바람꽃의 향연이 눈앞에 펼쳐진다. 오매불망 그리워했건만 막상 마주하게 되니 마음속에 묻어두었던 말들도, 대단한 감상도 다 잊어버렸다. 그저 만나서 반갑고 거기에 있어 주어서 고마울 뿐이다. 바람이 분다. 하얀 너울이 일렁인다. 바람꽃이 만들어주는 꽃물결이 산을 오르는 동안의 고단함을 말끔히 가시게 해준다.

산 아래에서 노닐던 구름이 갑작스레 정상으로 몰려온다. 바람이 거세지니 바람꽃도 덩달아 드러눕듯 온몸을 눕혔다가 일어서기를 반복한다. '아하, 그렇게 살았구나, 그렇게 살았어.' 바람을 거부하지 않고 순응하는 것이 척박한 산꼭대기에서 살아가는 너만의 방법이었구나. 혹여 꽃잎이라도 떨어질까, 줄기라도 부러질까 하는 내 걱정이 얼마나 부질없었는지 머쓱해지는 순간이다. 저마다 생존해 가는 방도와 지혜가 다를 터인데, 내 잣대로만 생각했으니 이 얼마나 무지한 일인가. 세상을 살아가는 도리가 어찌 한 가지뿐이랴. 제 처한 형편과 환경에 따라 천태만상인 것을.

하늘만 보고 치솟는 저 오만한 잣나무도, 바람이 거칠게 휘몰아치는 이 대청봉 산정에서는 허리를 굽히고 누워서 자란다.

꽃반지

 과거와 현재, 공존할 수 없을 것 같은 두 시대가 나란히 걸려 있다. 지난날이 그리운 사람은 추억의 길로, 현재를 즐기고 싶은 사람은 새로운 다리를 건너면 된다.
 현재에서 내려다보는 과거는 작고 초라하다. 을씨년스럽기조차 한 다리의 붉은 덧칠에는 덕지덕지 세월의 흔적이 묻어 있다. 강재를 엮어서 나름대로 멋을 부렸지만, 현재에서 바라보는 과거는 낡고 초라한 옛 시대의 유산에 지나지 않는다. 과거에서 올려다보는 현재는 우람하고 멋스럽다. 깔끔한 색상과 유려한 곡선이 보는 이의 눈을 즐겁게 한다. 지나버린 세월의 간격만큼이나 그 차이가 뚜렷하다. 두 개의 다리가 섬과 육지, 과거와 현재를 연결하면서 마주하고 있는 곳, 연륙교와 저도의 비치로드를 걸어본다.
 사람들은 추억을 그리워하는 것일까. 걸어서 다리를 건너는 사람들

대부분은 과거의 길을 걷는다. 좁고도 약간은 위험스러운 길이다. 시뻘건 페인트 사이를 비집고 나온 녹물이, 지난날의 눈물처럼 군데군데 슬픈 얼룩으로 남아 있다. 바다가 훤히 내려다보여 다가서기도 무서운 난간의 손잡이에는 자물쇠들이 줄지어 매달려 있다. 변치 않는 사랑을 맹세하며 불타는 심정을 새긴 자물쇠들이다. 어떤 이는 애틋한 마음을 글로 새겨 엇걸어 잠갔다. 또 어떤 이는 숫자로 비밀번호를 만들어 돌려놓았다. 혼자만의 사랑을 담은 외로운 자물통, 너무 오래되어 이미 녹슬어 버린 약속까지, 사연도 가지가지다.

여기에 달린 자물쇠들은 열쇠가 없다. 단단히 잠근 마음조차도 못 미더워 까마득한 다리 아래로 열쇠를 던져 버리기 때문이다. 시퍼런 파도가 꿀꺽 삼켜버린 맹세는 영원히 되돌릴 수 없는 약속이 되는 것이다. 현재의 사람들이 과거에 맺은 언약과 맹세를 되새김하며 한발 한발 추억 속으로 빠져들어 간다. 사람들은 지난 일들을 되돌아보면서 그리움을 찾아가는가 보다. 바닷바람을 맞으며 한 걸음 한 걸음을 옮기는 이, 모두의 얼굴에 웃음이 가득하다.

다리 건너에는 걷기 좋아하는 요즘 사람들의 낙원이 기다리고 있다. 비치로드라는 이름에 걸맞게 바다를 따라 이어지는 경치가 아름답기 이를 데 없다. 올망졸망 떠 있는 남해의 섬들과 햇살에 반짝이는 푸른 물결. 청량한 바람 소리와 사스레피나무의 나지막한 숲길이 정겨운 둘레길이다. 작은 섬의 해변을 끼고 도는 옛길을 걷고, 그리 높지 않은 산을 오르내리면서 사람들은 잠깐의 휴식과 평화를 얻는다.

돌아오는 길은 현재의 다리를 건넌다. 환상의 세계를 벗어나 현실로 들어서는 길이다. 다리 중간에 만들어 놓은 쉼터에서 내려다보면 과거의 난간에 늘어서 있는 수많은 언약이 한눈에 들어온다. 약속이 참으로 많기도 하다. 어쩌면 사람살이 자체가 약속 아닌가. 누구나 지켜야 하는 신호등도 약속이고, 새끼손가락을 걸고 엄지를 마주하는 손도장도 지켜야 하는 신뢰의 표현이다. 내가 한 약속들은 어떨까. 전화기를 바꿔달라고 소원하는 아들에게는 아직도 지키지 못한 약속이 있다. 어머니께 자주 찾아뵈겠노라고 몇 번이나 다짐했던 내 약속의 자물쇠는 마음속에서 이미 풀려 있다. 누구나 약속을 할 때만큼은 저기 걸린 무쇠 자물통 이상으로 굳게 마음을 채운다. 그 단단한 마음속 저변에, 세월이 흐르면 저절로 열려버리는 핑계라는 예비열쇠가 있음을 어찌 알았겠는가. 바닷물에 던져버린 진짜 열쇠보다 월등한 성능을 지닌 만능열쇠다.

  현실의 세상으로 돌아오니 길섶에서 하얀 토끼풀 한 무더기가 반겨준다. 탐스러운 꽃송이 하나를 스윽 뽑아서는 동그랗게 꽃반지를 만들어 본다. 그리고는 같이 걷는 아내의 손가락에 넌지시 끼워준다. 남세스럽다고 눈을 흘기면서도 영 싫은 눈치는 아니다. 삼십 년 가까이 같이하면서 아내에게 지키지 못한 약속은 또 얼마나 많았던가. 지금부터라도 잘하겠다는 말 없는 약속을 담아 끼워주는 꽃반지다. 비록 얼마 못 가서 시들어 버릴 심약일지언정, 당장 마음이야 저 열쇠 없는 자물통보다도 훨씬 더 단단하리니. 토끼풀의 꽃말이 '약속'이라는 것을 아내는 알까.

  과거의 다리를 넘어서 거닌 비치로드는 꿈길이었다. 추억 속에서 나는 달착지근한 잘피 뿌리를 씹었고, 바위를 뒤집어 게를 잡았다. 쏙을 낚고, 바지락을 파고, 소라를 주웠다. 벌거벗은 동무들을 만나 물장구를 치며 놀았다. 쪽빛 바다와 추억에 취해 홀린 듯 걸었다. 꿈에서 깨어나 현재의 다리를 건너 도착한 곳은 주차장, 그곳은 냉정한 현실이었다. 공터에 있는 작은 가게를 보는 순간, 아내에게 다짐한 무언의 약속보다도 현재의 배고픔이 더 절실하게 다가왔다. "뭐하노, 빨리 안 오고." 꽃반지를 끼워주며 다짐했던 심약은 이미 다리 너머의 일이 되어 버렸다.

"사람들의 서약은 빵 껍질이다." 셰익스피어의 말로 핑계라는 만능열쇠를 만들었다.

돌양지꽃

살다 보면 만사가 귀찮아지는 날이 있다. 거래처와 다툼이라도 있었던 오늘 같은 날은 더욱 그렇다. 사람과 사람의 관계에 지쳐버린 날이다.

조바심내고 안타까워하는 이 마음을 아예 놓아버릴 수는 없을까. 벗어나고 싶다고 벗어나 질 일도 아니거니와 고민한다고 해결되는 것이 아니라는 것을 알면서도, 풍선을 터뜨리듯 무참히 짓밟아버리고 싶은 현실이다. 다른 사람들은 이런 갑갑함을 어떻게 이기며 살아갈까. 모두 한 아름의 고민을 안고 살 텐데도 잘 웃고 잘 지내는 듯 보여서 문득 그 해결방법이 궁금해진다. 마지못해 참으며 살까. 아니면 몸이 만신창이가 될 때까지 뛰어다닐까. 그도 아니면 또 다른 비결이라도 있을까. 세상살이에 무슨 비방이 있겠는가만, 심란한 심사를 달래보려면 특별한 비법이라도 있었으면 좋겠다는 생각이 절로 든다.

마을 앞 산봉우리를 바라본다. 저 아득한 산정에서 지긋이 웃으며, 울화통을 터뜨리는 나를 내려다보고 있을 친구가 보고 싶어진다. 높다란 곳에 터를 잡고 홀로 걸림 없이 살아가는 삶이 부러운 것이리라. 멋쟁이 친구라도 만나보면 좀 나아지려나 싶은 마음에 산으로 향한다. 걷잡을 수 없이 들끓는 심경을 잊어 볼 요량으로 턱에 차도록 숨을 몰아쉬며 산을 오른다. 육체적 가학으로 머릿속을 비워낸다. 이 고난의 길 끝에 있을 달콤한 바람만을 생각하며 한 걸음 한 걸음을 옮긴다. 벼랑 위에 서서 별것 없는 세상살이라고 하늘을 향해 소리쳐볼 상상을 하며 아픈 다리를 달랜다. 실타래처럼 얽히고설킨 마음을 창공에 날려 버리고자 오르고 또 오른다. 거기에서 오롯한 삶을 즐기는 꽃 한 송이만을 생각하며 비 오듯 하는 땀방울을 쏟아내는 것이다.

　벼랑 위에 섰다. 내가 올 것을 미리 알고서 기다리기라도 한 듯 풀꽃 친구는 온몸을 살갑게 흔들고 있다. 예고 없는 방문일지라도 언제나 반갑게 맞아주는 벗의 이름은 돌양지꽃이다. 동무와 함께 나란히 인간 세상을 내려다본다. 빼곡히 늘어선 아파트가 보이고, 학교가 보인다. 길은 눈길 닿는 먼 곳까지 이어지고, 하천은 구불구불 도심을 가로질렀다. 잠잠하게 정지된 풍경화 속의 세상이다. 사람마다 수없이 오고 갈 사연도, 웃음도, 질시도 여기서 보면 그저 허허롭다. 이 높은 곳에서 가만히 바라보고 있노라니, 집착과 아집에 얽매여 꼬물거리며 살아가는 내 모습이 조금은 덧없다는 생각이 든다. 한눈만 돌려보면 칠월의 산과 들판이 활력으로 푸르게 넘쳐나고 있음도 잊은 채 살았다. 얄궂게 뒤틀린 내 마음이 평온한 자연에다 세속의 오염 덩어리를 토해놓는 것 같아서 잠시 무안해진다.

　돌양지꽃이 사는 곳은 높다란 바위틈이다. 안개를 벗 삼아 구름을 이고 산다. 누구의 간섭이나 접근도 거부한 채 고요히 자기만의 세상에서 살아간다. 비가 오면 흠씬 젖고, 바람이 불면 흔들린다. 굳센 줄기를 내어 자신을 바로 세우려 하지도 않고, 부러 치장해 꾸미지도 않는다. 작은 이파리를 내고 때에 맞춰 앙증맞도록 노란 꽃을 피우며 열매를 맺어 제 할 일을 한다. 인적 없는 산중에서 세상을 굽어보며 고즈넉하게 주어진 대로의 삶을 살아간다. 고독을 즐기는 철학자의 모습이 이러할까, 이상향을 추구하는 구도자의 그림자가 저러할까.

　두어 시간 전까지만 해도 내가 있었던 곳을 바라보면서 고소를 머금는다. 자동차는 꽁지에 불이라도 붙은 듯이 내달리고, 들리지는 않아도 전화기는 자지러지게 울어댈 것이다. 저 조그마한 읍내에 살면서 무슨 불평이 그리도 많아 아등바등했느냐고 자신을 비꼬아 보기도 한다. 천근같이 무거웠던 마음도, 험한 말을 해대던 고객의 성화도 다 삭여가는 중이다. 산중의 벼랑머리에 서서, 하늘을 안고 파란 바람을 마시며 세사를 잊어가고 있다. 마치 금방이라도 굴러떨어질 것 같은 낭떠러지 끝에서도 해맑은 미소를 잃지 않는 이 한 송이 꽃을 보면서.

　가만히 벗과 눈높이를 맞추어 본다. 돌 틈에 사는 양지꽃이라는 이름처럼 너는 이리도 척박한 곳에 살고 있었구나. 이 가파른 벼랑에 뿌리 한 가닥을 걸치고, 아슬아슬 살아가는 모습이 새삼 대단하게 다가온다. 따가운 여름 햇볕과 모진 강풍을 오로지 맨몸으로 버텨야 하는 삶이다. 보드라운 흙 한 줌을 찾아서 갈라진 바위틈을 비집고 또 헤집으리라. 한 모금의 물이 쏟아져 내릴 때까지는 또 얼마나 타들어 가는 목마름을 견디며 살았을까. 겉으로는 웃으며 사는 듯 보여도, 그 내면의 흉험함을 생각해 보니 오늘의 내 투정이 오히려 사치스럽게 여겨진다. 타인의 고민 없어 보이는 삶, 그 심중에 감춰진 인내와 고통을 나는 부러 보지 않으려 했는지도 모른다. 내가 견디는 고통이 제일 큰 아픔이고, 내가 안고 있는 고민이 세상에서 가장 무거운 짐이라고 착각하면서 말이다.

건넛산 산봉에 걸린 노을이 비질이라도 한 듯 가지런히 드러누워 있다. 어릴 때 고향의 노을도 저리 붉었다. 어제도 그제도 애타게 타올랐으련만, 나는 여태 저 노을조차 잊고 살았다. 힘겨운 하루를 보내고 산 너머로 숨어들어 가는 저 태양도, 내일이면 새로운 삶을 시작할 것이다. 다들 크고 작은 고민을 안고서도 별것 아닌 듯 살아간다. 그래도 나는 행복하지 않은가. 마음이 힘들 때 같이 세상을 보아줄 벼랑 끝의 친구라도 있으니 말이다. 하나를 더 가졌으니 얼마나 좋은 일이냐고 자위해 본다. 내려오는 산길에 어둠이 깔린다. 오를 때의 답답한 심정이 조금은 누그러진 탓일까. 어스름한 칠월의 숲길이 더없이 싱그럽다.

"고객님, 결재는 천천히 하셔도 됩니다."

"고객님, 그동안 많이 도와주셔서 이번 것은 무료로 해 드리겠습니다."라고 말하는 무모한 상상을 해 본다.

칠보치마

 칠보치마를 만나러 간다. 꽃단장하고, 나를 기다리고 있을 칠보치마를 생각하니 가슴이 두근거린다.
 맞선을 보러 가는 노총각의 심정이 이러할까. 그 살가운 미소가 떠올라 밤새 잠 못 이룬 날이다. 사나흘을 내리쏟아지던 장맛비가 그친 하늘에는 뭉게구름이 한가롭다. 지금쯤 길섶의 칠보치마는 한창 나비를 부르고 있으리라.
 시간에 맞춰 꽃 동무들이 모인다. 오랜 시간을 같이해온 동행들이다. 활짝 웃는 꽃을 보며 같이 즐거워하고, 사라져버린 풀꽃을 볼 때는 같이 울분을 토하는 사람들이다. 같은 곳을 바라보고, 같은 생각을 하는 사람들이라서 나이나 남녀의 분별이 없다. 그저 만나면 즐겁고 같이 걸어가는 꽃길이 행복하니, 이것 또한 특별한 인연이 아닌가. 오늘도 자그마한 풀꽃 하나를 보기 위해 나서는 이백리 길에 웃음이 끊이지 않는다. 사람의 인연이란 오묘하고도 오묘하다. 각양각색의 사람들이 작디작은 풀꽃 하나로 인해 아름다운 관계를 이어가고 있으니 말이다.

얼마나 호사스러운 꽃이기에 이름이 '칠보치마'일까. 꽃잎이 칠보단장이라도 해 놓은 듯 반짝일까. 아니면 보석 같은 열매가 깨알처럼 열렸을지도 모르는 일이다. 식물에 무슨 미추가 있고, 귀천이 있을까마는 그런 의미에서 보자면 칠보치마는 이름값을 제대로 못 하는 셈이다. 감탄 받을 만한 화려함이나 아름다움과는 거리가 먼, 오히려 수수하고 단출한 외모이기 때문이다. 잎은 날카로운 데다가 그나마 땅바닥에 납작 엎드려있다. 꽃이라고 해도 별로 다를 바 없다. 자잘하고 허여멀건 꽃이 여럿 모여서 방망이처럼 길쭉한 꽃차례를 이루고 있다. 일부러 찾지 않으면 눈에 잘 띄지도 않을, 밟아도 모르고 지나칠 그저 그런 풀이다. 이런 친구와 눈 맞춤 한번 하겠노라고 먼먼 길을 달려온 것은, 평범한 외모와는 달리 아무 곳에서나 쉽게 만날 수 없는 특별함 때문이다.

잡초라고 해도 뭐랄 수 없는 풀이 칠보치마라는 거창한 이름을 얻게 된 내력도 별스럽다. '칠보'는 '칠보산'에서 제일 먼저 발견되었다고 붙여진 것이고, '치마'는 육촌쯤 되는 '처녀치마'를 닮았다고 해서 얻은 이름이다. 말하자면 칠보산에서 발견된 처녀치마를 닮은 식물이라는 뜻이다. 제 것이라고는 하나 없이 전부 남의 것을 얻어다가 쓴 이름이니, 자기의 본모습을 알리기에는 턱없이 부족한 셈이다. 이름이 생기고 불린다는 것, 그것은 존재와 자존을 증명하는 것이다. 그러니 빌려서 얻은 이름으로 살아가는 서러움인들 오죽할까. 아니, 아닐지도 모른다. 오히려 이름의 무게를 떨쳐버린, 홀가분한 자유를 만끽하고 있을지도 모르는 일이다.

 칠보산은 산삼, 맷돌, 잣나무, 황금 수탉, 호랑이, 사찰, 금, 장사의 여덟 가지 보물이 있다고 해서 팔보산이었다. 그런데 욕심 많은 누군가가 황금 수탉을 가져가 버리는 바람에 칠보산으로 바꾸어 부르게 되었다는 전설이 있다고 한다. 좋은 것을 보면 꼭 자기의 것으로 만들어야 하는 인간의 욕심은 예나 지금이나 다를 바 없었나 보다. 칠보산에는 다른 곳에서는 볼 수 없는 귀한 식물들이 제법 살고 있다. 무엇이든 너무 드러나면 관심을 끌게 되어서일까, 사람의 간섭으로 거의 절멸 지경에 이르렀다고 하니 그저 안타깝기만 할 뿐이다. 일부이겠지만, 조금 특별하거나 귀하게 생각되면 무조건 내 손아귀에 쥐어야 하는 사람들의 욕망이 두렵기만 하다. 칠보산의 또 다른 보물이라고도 할 수 있는 희귀한 식물이 사라져 가니, '육보산으로 바꿔 불러야 하는 것 아니냐'고 누군가 통탄하던 소리가 귓가에 맴돈다.

 칠보七寶는 일곱 가지의 귀중한 보물을 가리키는 말이다. 고대인도의 전륜성왕은 그가 가진 칠보의 힘을 빌려, 무력이 아닌 법으로 굴러가는 세상을 만든 신화적인 정치가였다. 무상한 보물인 칠보를 지혜롭게 사용하였기에, 이상적인 지도자의 표상으로 존경받는다. 요즈음, 사람들의 입방아에 오르내리는 소위 사회 지도 계층의 지나친 욕심과는 너무나 대비되는 바가 아닌가. 아무리 좋은 보물일지라도 집착이 지나치면 자신을 욕되게 하고, 남을 불편하게 하는 것이니, 보물이 아니라 애물이라고 해도 틀리지 않을 듯싶다.

 허리를 숙여 칠보치마와 눈을 맞추어본다. 순백과 초록의 어울림이

조화롭다. 숲에서 불어온 바람에 간들간들 춤을 추는 모습이 거침없어 보인다. 이름값으로부터의 자유, 자연과 함께하는 여유가 있어 보여 부럽다. 팔랑팔랑, 중매쟁이 팔랑나비 한 마리가 꽃잎에 날아와 앉는다. 주거니 받거니, 사람살이도 자연 생태계처럼 이러하면 얼마나 좋을까.

행복한 날이었다. 이름이 어떠니, 생긴 모양새가 어떠니 하는 것조차도 본모습을 제대로 보지 못하는 나의 얄팍한 생각의 표현일 뿐이다. 모든 사물은 제 존재 이유가 따로 있다고 하지 않았던가. 행복과 황홀, 자연과 자유, 웃음과 여유, 그리고 동무, 칠보치마가 내어준 일곱 가지 보물을 욕심껏 마음에 담아본다. 어쩌면 마음으로 느낀 일곱 보물조차 집착의 산물일지도 모른다. 눈빛을 마주하며 느꼈던 그 행복마저도 제자리에 내려두고서, 그저 왔던 길을 되돌아가면 그만일 것을.

나풀나풀, 나비 한 마리 춤을 추며 산길을 따라온다.

부평초

 첨벙, 인기척에 놀란 개구리가 물웅덩이로 뛰어든다. 입가에 가득 묻은 개구리밥을 앞발로 스윽 문질러 내고는, 커다란 눈을 껌벅이며 불청객을 힐끔거린다. 여름날 개구리밥으로 가득한 연못의 흔하디흔한 풍경이다. 벼가 무럭무럭 자라는 무논도, 졸졸졸 물이 흐르는 작은 개울도, 온통 푸른색으로 덮여 바닥이 보이지 않을 지경이다. 걸림 없이 여기저기 어디에나 돌아다니는 떠돌이 풀, 개구리밥의 또 다른 이름은 부평초다. 물의 흐름이나 바람에 휩쓸려 이리저리 떠돌이로 살아간다고 붙여진 이름이다.
 개구리밥은 일반적인 식물의 상식을 뛰어넘어 엉뚱한 발상으로 살아가는 식물이다. 보통의 식물들은 뿌리와 줄기, 잎이라는 형태를 갖추고 땅에 뿌리를 내린 채 붙박이로 살아간다. 그렇지만 개구리밥은 줄기나 잎의 구별이 없다. 그저 잎같이 생긴 엽상체라는 몸뚱이에 가느다란 수염 모양의 뿌리가 몇 가닥 달려 있을 뿐이다. 살아가는 방식이 독특하기도 하지만 번식력도 대단하다. 뿌리 부근에서 똑같은 모양의 쌍둥이를 만드는 방법, 이른바 출아법으로 번식하는데, 하루 정도면 웬만한 연못을 가득 채울 만큼 불어나기도 한다. 남들과 다르기는 하지만 명색이 식물이다 보니 꽃도 피우고 열매도 맺는다. 가을이 되어 논이나 연못에 물이 말라 버리면 겨울눈을 만들어 가라앉았다가 봄에 다시 떠오른다.

한곳에 정착하지 못하고 객지를 전전하는 사람살이를 일컬어 부평초 같은 삶이라고 한다. 태어나서 고향을 벗어나는 경우가 별로 없이 살아가던 농경시대에는 타향살이 자체가 큰 고통이었고 불효였다. 부득이 객지에서 살더라도 언젠가는 돌아가야 한다는 생각이 항상 잠재하고 있었다. 오죽하면 죽어서라도 고향 땅에 묻히고 싶어 하는 마음이었을까. 대가족이 더불어 사는 가족공동체였고, 일가붙이와 이웃하여 사는 씨족공동체 사회에서는 지극히 당연한 생각이었다. 부평초라는 말은 정처 없이 떠도는 현실을 이르는 말이기도 하지만, 고향으로의 귀환을 바라는 간절한 소망이 담긴 말이기도 하다.

산업화의 영향으로 도시살이가 예사인 요즘에야, 돌아갈 고향에 연연하는 이는 그렇게 많지 않다. 그 대신 물질적인 궁핍으로 생활고에 시달리다 못해 부평초 같은 신세로 내몰리는 이들이 수두룩하다. 직장을 그만두고 새로운 일거리를 마련하지 못해 방황하는 사람, 사업에 실패하고 설 자리를 잃은 사람도 허다하다. 아예 노동의 의지조차 잃어버리고 스스로 길거리에 나앉은 사람도 있다. 쥐꼬리만 한 수입으로 주거

비를 감당하지 못하는 경우도 적지 않다. 이런저런 이유로 노숙자가 된 사람들은 이 시대의 부평초들이다. 현대의 사회적 모순이 만들어낸 어두운 그림자이기도 하다.

급격한 변화로 달라져 버린 생활방식 때문에 생긴 그림자도 있다. 백세 시대에 접어들었어도 소일거리나 취미를 만들지 못한 어르신들은 하릴없이 공원을 전전한다. 돌보아 줄 가족도 없이 사회에서조차 외면당하고 홀로 생활하는 외로운 노인들도 적지 않다. 학교에 적응하지 못한 아이들은 거리를 배회하고, 사람과의 접촉을 무작정 거부한 채 자아 속으로만 침잠해 들어가는 젊은이도 있다. 모두 예측할 수 없는 미래로 인해 마음 둘 곳을 잃은 부평초 같은 신세들이다. 물질 만능에 젖어 본연의 인간성을 잃고 정신적으로 방황하는 사람들 역시 시대의 부평초일 것이다. 허겁지겁 눈앞만 바라보느라 내일을 위한 작은 준비조차 갖추지 못한 나는 또 어떤가. 머지않아 닥쳐올 노후를 생각하면 깜깜한 어둠에 갇힌 듯 불안해지는 나 역시 부평초와 크게 다를 바 없는 신세다.

숨 가쁘게 돌아가는 사회에 적응하느라 하늘 한번 올려다볼 틈마저 없는 사람들. 문명의 이기에 빠져 마주 앉은 사람의 얼굴조차 쳐다보지 않는 요즘 세태는 또 어떤가. 느긋한 걸음으로 낙엽이 흩날리는 거리를 걸으며 삶을 관조하고, 손편지에 애틋하게 담아내던 따뜻한 마음들은 이미 지나간 시대의 유물로 전락해 버렸다. 긴박한 시대를 살다 보니 사람들의 마음도 삭막해져 가는가 보다. 내 일이 아니면 관심을 두지도 않는 공허한 현실이다. 남들과 어우러져 산다는 것조차도 쉽지 않은 세상이 되어 버렸다.

　따지고 보면 부평초는 살아가는 방식이 약간 다를 뿐 나무랄 데 없는 삶을 산다. 사람들은 그저 고정되어있지 않는 생활이라는 것만으로 부평초를 멋대로 재단하고 억울한 누명을 씌워버린 것은 아닐까. 제 한 살이를 다하는 풀에 사람이 가져다 붙인 이름이 무슨 의미가 있겠는가. 남들과는 다르지만 자기만의 훌륭한 세계를 찾아낸 부평초를 보면서 삶의 지혜에 대해서 생각해 본다. 물 위를 떠돌던 부평초 하나가 나를 향해 흐느적거리는 뿌리를 드러내 보인다. '하는 일 없이 허투루 달려만 있는 것처럼 보이는 이 뿌리가 중심을 잡아 자신을 바로 세운다.'라고 말하는 듯하다. 역할이 없는 것이 아니라, 남들과는 약간 다른 일을 하는 것이다. 고착된 생각에 갇힌 내가 보통식물의 뿌리라는 관점으로 바라보았기에 빈둥거린다고 여겼을 뿐이다.

　모든 것이 다 그렇지 않은가. '부평초'라는 이름의 문제가 아니라 '부평초 같은 삶'이라는 관념의 문제인 것을. 다르게 바라보면 모든 것이 달라 보인다.

달개비

아침 이슬을 머금은 달개비 꽃이 싱그럽다. 이슬방울조차 무거운 듯 다소곳이 고개를 숙인 자태가 험난한 세상 물정이라고는 겪어보지 못한 청순한 모습이다.

'믿는 도끼에 발등 찍힌다.'라는 말을 흔히 사용한다. 분명 순수하게만 보이는 달개비를 두고 할 말은 아닌듯하다. 한데 겉모습으로만 판단할 일이 아닌 모양이다. 아침에 갓 피어난 달개비는 이미 제꽃가루받이로 혼인을 치른, 그것도 태기까지 있는 몸이다. 세상에 나오기도 전에, 이불처럼 널찍한 포 안에서 이미 신방을 차려 버렸다. 그리고는 사랑의 흔적이 역력히 남은 꽃가루를 입술에 덕지덕지 바른 채 태연히 웃고 있다. 순진한 꽃등에만 이런 사실도 모르고 이리저리 기웃거리느라 신이 났다. 혼인하고도 않은 척, 태기가 있어도 없는 척, 이슬을 머금고 아침 바람에 몸을 비비 꼬며 요기를 흘려대는 속임수의 달인이다.

달개비는 또한 사기꾼이다. 요염한 자태는 여느 꽃들과 견주어도 빠지는 모양새가 아니다. 보라색 꽃잎 두 장을 닭의 볏처럼 치켜세우고서는 도도하게 눈을 내리깔고 있다. 꽃잎과 대비되어 확연히 드러나는 노란색의 꽃술이 단번에 곤충의 눈길을 사로잡는다. 꽃 밖으로 비죽 나온 긴 수술은 날벌레가 내려앉기 좋은 활주로 같은 유도장치다. 여섯 개의 수술 중 중간 것 한 쌍은 안과 밖을 이어주는 징검다리 역할을 한다. 이미 발을 들인 곤충은 깊숙이 숨어 있는 짧은 꽃술까지 저도 모르게 유인된다. 잘 짜인 각본이고 완벽한 분업이다. 곤충이 안쪽으로 들어가면 저절로 암술을 건드리게 되는 치밀한 구조도 혀를 내두르게 한다.

겉으로 보기에는 보통의 꽃과 별반 다르지 않지만, 달개비는 이미 임신한 몸이니 애써 방문객을 위해 공을 들일 필요가 없다. 그래서 고객을 위한 봉사에는 정성이 들어있지 않은, 그저 겉치레 인사에 불과하다. 손님을 처음 맞이하는 긴 수술에는 진짜 꽃가루를 발라 놓아 그럴듯하게 꾸며 놓는다. 하지만 그뿐이다. 징검다리 수술에는 있는 둥 마는 둥 생색만 내다가, 안쪽의 꽃술은 색깔만 노란색이지 꽃가루가 없는 헛수술에 불과하다. 꿀도 없고, 꽃가루도 거의 없으니, 달개비를 방문한 곤충은 멋모르고 사기를 당한 셈이다.

혼인도 하고 임신까지 한 몸이 무엇이 아쉬워 온갖 위장을 해가면서 꽃을 만들었을까. 참 못 미더운 세상이라더니 혹시나 제꽃가루받이가 실패했을 경우를 염두에 둔 안전보장 차원일 것이다. 다른 꽃보다 절실함이 덜하니 애써 꽃에다가 힘을 낭비할 필요가 없다. 바깥에 꽃잎이

석 장 더 있지만, 작고 투명해 잘 보이지도 않는다. 안쪽에 있는 세 개의 꽃잎도 두 개만 그럴듯하게 크고 아래의 한 개는 마지못해 만든 듯 숨겨 놓았다. 꽃잎을 만드는 데 드는 투자비를 최소로 줄인 셈이다. 꽃이 피어있는 기간도 반나절 정도에 지나지 않아 금방 스러져 버린다. 약삭빠르고 현실적인 처세술의 대가인 셈이다.

  속임수가 어떻고, 사기꾼이 어떻고, 달개비의 뒤꽁무니에다 대고 이러쿵저러쿵 말이 많은 나는 그리 허물없는 사람인가. 아무리 뒤집어 보아도 자신 있게 '그렇다'라고 말할 용기는 없다. 때로는 우는소리도 하고, 버젓이 알면서도 거짓으로 둘러댄 적이 어디 한두 번이었던가. 그 속에는 '항상 어쩔 수 없었다.'라고 하는 자기변명이 붙어 다닌다. 잠시를 모면하고자 외면했던 불편한 진실은 또 얼마나 많았던가. 적어도 식물은 제 치부를 가리기 위해 간사한 나처럼 임시방편으로 꾸며대지는 않는다. 사람은 모략을 일삼지만, 다른 자연계의 생물들은 몸에 각인된 본능대로 살아갈 뿐이다.

  생태는 생존과 번식을 위한 최선의 길을 찾아간다. 그 길을 찾아 억겁만겁 시행착오를 겪어오며 오늘에 이른 것이다. 그들만의 방법이 사람의 눈에는 어리석고 웁게 보여도 나름대로 특화된 생존 전략이다. 혼전 임신을 했든, 속임수를 쓰든 사람의 잣대로 재단할 일이 아니라는 것이다. 우리나라에는 약 육천여 종의 식물이 살고 있다고 한다. 그 종들 하나하나마다 살아가는 방식이 다르고 사는 곳이 다르다. 남들보다 아주 일찍 나오거나 척박한 곳에 적응해 경쟁을 피하는 정도는 기본 중의 기본이다. 확연히 눈에 띄는 색상으로 치장하거나 독을 품는 것 또한 살아남기 위한 수단에 지나지 않는다.

　세상에 완벽한 것이란 없다. 다만 모자란 것을 조금씩 채워갈 뿐이다. 누구나 숨기고 싶은 사연 하나쯤은 가지고 살듯, 달개비에도 진실하지 못한 가식이 있다. 자연계에서 살아가는 생명체들의 본능이 종족 번식이라면, 그 행동 이하도 이상도 아닌 자연스러운 행위라고 이해하면 그만일 것이다. 그래도 아주 양심이 없지는 않아서 약간의 꽃가루라도 남겨두지 않았는가 말이다. 기만적인 처세술로 후손을 이어가는 달개비나, 일관되지 못한 가치관으로 이리저리 부침하며 살아가는 나나 오십보백보 아닌가 한다.

　무더운 여름날, 달개비를 보면서 생각해보는 세상살이의 방편이다.

심봤다

꽃을 찾아 나서는 길은 언제나 즐겁다. 같은 산, 같은 길을 걷지만, 사흘이 다르고 철철이 다르니 걸을 때마다 새롭다. 어제는 솜나물이 반겨주다가 오늘은 바위채송화가 웃어준다. 비비추는 놀다 가라고 유혹하고, 패랭이가 발목을 잡아채니 발걸음을 옮기기조차도 쉽지 않다. 이리 기웃 저리 기웃, 만나는 친구마다 한 번씩 보아주려니 산길은 줄어들 기미가 보이지 않는다.

빨간 열매를 단 푸새 하나가 나를 빤히 바라본다. 암만 보아도 낯선 녀석이 자기도 좀 봐달라는 듯 건들거린다. 새로운 만남에 대한 기대로 걸음이 빨라진다. 다섯 개씩의 이파리가 가지마다 빙 둘러가며 붙었다. 납작하게 생긴 탐스러운 열매는 너무 붉어서 독이라도 들어있지 않을까 싶을 정도다. 오갈피나무인가, 아닌가, 비슷한 식물들을 머릿속에서 떠올려보다가는 흠칫 몸이 굳어진다. 그야말로 말로만 듣던, 자연 상태에서 자라는 인삼이라는 생각이 순간적으로 떠올랐기 때문이다.

나라는 인간도 어쩔 수 없는 속물인가 보다. '새로운 풀꽃 하나 만나는구나.' 하고 생각할 때는 무덤덤하더니, '인삼이다.' 하니까 혹여나 누가 볼세라 앞뒤를 먼저 살핀다. 다른 풀꽃을 볼 때는 누가 오거나 말거나 카메라를 잘도 들이대었는데, 슬슬 걱정이 밀려온다. 내가 사진을 찍고 있는 동안에 누가 잽싸게 낚아채 가지나 않을지 염려스러운 것이다. 주변을 둘러보니 두어 포기가 더 보인다. 갑자기 마음이 급해진다. 이 친구는 내가 사진을 찍고 있으니 그냥 두더라도 옆의 것은 얼씨구나 하고 뽑아가지나 않을까. 어쩌면 욕심에 눈이 멀어 해코지라도 하고 몽땅 가져가 버릴지도 모르는 일이다. 가슴이 쿵쿵거리고, 숨이 가빠진다. 그 짧은 시간에 온갖 상념들이 생겼다가 사라진다. '진짜일까.', '웬 횡재.', '날강도'까지 살아오면서 한순간에 이렇게 많은 생각이 오고 간 일은 결코 없었지 싶다.

길섶에서 잠깐 마음을 달랜다. 자연과 함께하면서 얻었다고 자부하던 평정심이 이리도 허망한 것이었나를 생각해 본다. 그러니 조금은 마음이 차분해진다. 우선 새로운 풀꽃을 만났으니 사진부터 찍기로 한다. 이파리, 열매, 줄기, 전체에 이르기까지 식물의 특징을 골고루 카메라에 담는다. 렌즈 속으로 보이는 열매의 색깔과 반짝거림이 황홀하다. 그러는 동안에도 또 마음이 갈등을 일으킨다. 풀꽃을 만나러 다니기에, 이런 경우를 상상해본 적이 있었다. 그 상상 속에서의 나는 딱 사진까지만 이었는데, 막상 만나고 보니 생각에 자투리가 붙는다. '이 장소는 특별하다.'고 내 마음이 속삭인다. 심심산골 바위틈도 아니고 하필이면 하루에도 수십 명이 다니는 등산로이니, 그냥 둬 봐야 결국 누군가의 손에 들어가고 말 것이다. 그럴 바에야 차라리 내가 가지는 것이 낫다고 부추긴다. 유혹이 다시 타협점을 찾는다. 뽑든 안 뽑든 인삼을 만났으니, 신령스러운 약초에 대한 도리는 다하자고.

 행여 남들이 들을까 봐, "심봤다." 하고 기어들어가는 목소리로 외친(?)다. 그리고 점심으로 가져간 감자와 물병을 꺼내 놓고 절을 한다. 그러는 와중에도 신경은 온통 등산로에 가 있다. 절을 끝내도록 길 양쪽에서는 아무런 움직임이 없다. 마음이 다시 솔깃한 말을 건넨다. 하나를 캐는 동안에 사람이 와도 한 개는 가질 수 있다는 꼬드김이다. 마음이 갈등을 끝내기도 전에 손은 벌써 작업을 시작한다. 뿌리 하나라도 다치지 않게 정성을 들여야 한다는 당연한 상식도 다 소용이 없다. 남들이 볼까 두렵고 모두 내 것이어야 한다는 욕심에 사로잡히다 보니, 웬만큼 흙을 들어내고는 무뿌리 뽑듯 쑤욱 당기고 만다. 그래도 흙이 부드러워서인지 잔뿌리까지 손상 없이 말끔하게 빠져나온다. 하나를 캐고 나니 여유가 생긴다. 한 개를 챙겼으니 이제는 사람이 와도 그만 안 와도 그만이라는 구슬림에 또 넘어가고 만다. 그리고는 결국 길섶에 있는 네 뿌리를 몽땅 뽑아서는 배낭에 챙겨 넣는 만행을 저지르고 말았다.

 자리를 정리하고 서너 걸음을 옮기자마자, 마치 기다렸다는 듯이 등산로 아래위에서 사람들이 몰려온다. 우연이라고 치부해 버리기에는 너무 기가 막힌 시차다. 등산하는 내내 머리가 어지럽다. 몇백 년(?)이나 묵은 것일까. 이것을 어떻게 처분할까. 돈으로 하면 얼마만큼의 값

어치가 있는 것일까. 별의별 잡념이 머릿속에서 맴돈다. 차라리 만나지 않았으면 즐거움이 되었을 등산길이 이제는 고민의 산행으로 변해버렸다. 길가의 꽃들이 놀다 가라고 손을 흔들어도 데면데면 그냥 지나쳐 버린다. 저만치 오는 등산객이 두렵고, 괜스레 나쁜 사람으로 보인다. 산을 오르고 내리는 동안의 꽤 긴 시간을 갈등과 싸우며 걸었다. 그 우여곡절의 고민은 산행이 끝날 즈음에 와서야 겨우 막을 내렸다.

불가에서는 '인연소기'라고 하지 않았던가. 이것이 나와 인연이 닿았을 때는 반드시 그만한 이유가 있을 것이다. 마음을 가라앉히고 다시 생각해보니 별일도 아니지 싶다. 모든 물건에는 그 쓰임새가 있는 법, 고민하지 않아도 쓸 곳이 저절로 나타나리라고 생각을 바꾸니 한결 가벼워진다. 나는 새로운 풀꽃 하나를 만났으니 그것만으로 행복한 것 아니겠는가. 내려오면서 다시 보니 눈에 잘 뜨이지 않는 내밀한 곳에 족히 스무 개체는 되어 보이는 군락이 보인다. 산의 정기를 머금은 붉은 열매들이 잘 가라고 손을 흔들어 주고 있다.

뜻하지 않은 장소에서 뜻하지 않게 만난 인삼은 나에게 있어 결코 행운이 아니었다. 산행하는 내내 가졌던 괜한 의심과 조바심, 갈등을 생각하면 지금도 웃음이 나온다. 어쩌면 좋은 인연으로 왔다가 오히려 근심으로 남았을 수도 있지 않았을까. 필요한 듯하여, 가지라고 해도 체질이 안 맞아서 못 가지는 이, 생각하지도 않은 사람이 불쑥 찾아와서 때맞춰 가져가는 이도 있었다. 내 손을 떠난 그것이 복이 되었는지 화가 되었는지 나는 모른다. 다만 작은 푸새 하나일지라도 그 소용되는 바 인연이 따로 있음을 가슴에 새기게 된 날이었다.

오늘 내 것이라고 힘껏 움켜쥐고 놓지 않으려는 이것이 내일도 내 손안에 있을까. 원추리 꽃잎 끝에 흰 구름 한 조각이 맴돌다 간다.

질빵풀 사랑

때아닌 눈꽃이 피었다. 장맛비가 그친 잠깐의 틈, 담장을 타고 오른 사위질빵이 하얀 꽃을 지천으로 피웠다. 자그마한 꽃들이 무리 지어 피어있는 모습은, 마치 한여름에 함박눈이 소복이 내린 듯 이색적이다. 그 색다른 풍경에 가던 걸음을 돌려 꽃길 속으로 빠져든다. 열렬히 환영의 손을 흔들어주는 꽃물결 속으로 거닐어 보는 호사를 마음껏 누려 본다. 잎사귀 끝에 조롱조롱 물방울이 매달려 있는 여름 풍경이 싱그럽기도 하다. 지금쯤이면 처가 동네 어귀의 그 연못 둑에도 사위질빵 꽃들이 흐드러졌을 것이다.

자주 찾아뵙지는 못했지만, 처가에 들르는 날이면 장모님은 늘 애달파 하셨다. 하나라도 더 챙겨서 차에 넣어주려 하고, 조금이라도 더 쉬었다 가라며 아쉬워하던 나의 장모님. 바깥일로 거칠어진 피부지만 마주 잡아주는 손길은 더없이 따뜻했다. 자그마한 키에 짜랑짜랑한 목소리가 아직도 귓가에 생생하다. 한 소쿠리의 옥수수에 뜨끈뜨끈한 사랑을 담아내고, 때로는 마주 앉아 십 원짜리 화투판으로 어우러지기도 했다. 봄이 되면 싱싱한 두릅이며 산나물을, 가을에는 밤을 따서 한가득 보내주고는 했었다.

 농사일하는 사람들은 고된 하루 일을 마친 뒤에도 빈손으로 돌아오는 경우가 거의 없다. 쇠꼴을 한 짐 베어 오거나, 모깃불에 사용할 쑥이라도 장만해 오는 것이 몸에 배어있다. 큰 짐이라면 지게를 사용하지만, 부담스럽지 않을 정도의 양이라면 질빵으로 간단한 묶음 짐을 만든다. 질빵은 새끼줄이나 칡덩굴을 주로 사용하지만, 그도 모자랄 때는 주변에서 흔히 자라는 덩굴풀들을 이용하기도 한다. 이렇게 질빵을 만드는 데 쓰이는 덩굴식물을 뭉뚱그려서 '질빵풀'이라고 부른다. 해거름, 질빵을 등에 메고 논둑길을 걸어가는 아이들의 모습은 흔하디흔한 풍경이었다. 지금에야 그럴 아이들도 없거니와 그럴 필요도 없어진 세상이 되어버렸지만 말이다.

 날이 어둑해지면 각자의 몫으로 한 짐씩 챙겨 가는데 사위만 빈손으로 가자고 하기에는 남의 눈이 따갑다. 그런 장모의 안타까운 마음을 담은 고심 어린 작품이 '질빵풀 사랑'이다. 사위가 가져갈 질빵을 만들 때는 하고많은 덩굴 중에서도 넌지시 사위질빵의 덩굴을 거두어 온다. 두 줄을 가지런히 늘어놓고 한 아름 풀을 얹은 다음 질끈 묶는다. 덩굴이 약해서 조금만 힘을 주어도 터져버린다는 것을 알면서도 짐짓 모르는 척하는 것이다. 괜스레 하찮은 줄을 탓하며 오히려 느슨하게 얽어서는 사위의 등에 얹어 준다. 칠칠치 못한 질빵 덕분(?)에 짐이 중간에서 슬슬 흘러내리다가, 급기야 끊어져 버리는 데야 어쩌랴. 그런 연유로 이 덩굴의 이름이 '사위질빵'이 되었다고 한다. 연로한 어른의 짐을 묶을 때 사용하는 것은 '할미밀망'이고, 며느리가 이고 갈 짐은 '으악' 소리가 날 때까지 단단히 묶는다고 '으아리'라 부른다는 우스갯소리도 있다.

농사철이 되면, 객지에 나갔던 처가의 형제들이 모두 모여 농사를 거들고는 했었다. 벼 베기, 모심기, 벼 타작, 보리타작에는 연중행사처럼 손을 보탰다. 처가에서 처음으로 보리를 베는 날이었다. 농사일과는 거리가 멀어 보이는 사위가 낫을 들고 나서니 영 미덥지가 않았던 모양이다. 내내 불안한 시선으로 안쓰럽게 바라보던 표정이 지금도 눈에 선하다. 그나마 시골에서 자란 탓에 영 낙제점은 아니었던지, 반 일꾼은 되겠다며 안도하던 그 웃음이 새삼 그리워진다.

잔병치레조차 별로 없었던 장모님은 장인어른이 돌아가신 지 세 해째 되던 겨울의 끝자락에서 삶의 끈을 놓아 버렸다. 선소리꾼의 꽹과리 소리를 따라서 앞마당을 나서더니, 논밭을 오가느라 늘 다니던 동네 어귀를 한 바퀴 휘돌았다. "어호 어호 어어~어호 어나리 넘차 어호~." 사위가 밀어주는 꽃상여를 타고 마을 뒤 비탈진 산길을 굽이굽이 돌아서는 장인어른과 나란히 누웠다. 마지막 길, 사위는 땅거미가 내려앉을 때까지 흙무덤을 다지고 또 다졌다.

사위를 배웅하며 '어여 가라'고 손짓하던 마을 언저리, 함께 손을 흔들어 주던 질빵풀이 눈앞에 아른거린다. 모시 적삼을 차려입은 장모님처럼 곱기도 하다. 생전에 한 번이라도 더 찾아뵐 것을, 지나고 나니 후회만 남는다. 그것뿐이었던가, 여태껏 살아온 삶이 그러했다. 돌아보며 후회하고, 모자란 선택에 아쉬워하면서 살아왔다. 물방울 속에 어리는 장모님의 환한 웃음이 눈부시다. 완전한 것은 없다고, 다들 그렇게 뉘우치면서 조금씩 나아가는 것이라고 위로하는 듯하다.
 잠시 멈추었던 장맛비가 다시 후드득거린다.

탱자나무

누구네 집 울타리인지 정갈하게도 다듬어 놓았다. 둘레길을 걷다가 낯선 집 탱자나무 울 앞에서 잠시 걸음을 멈춘다.

내가 다니던 초등학교의 울타리도 절반은 탱자나무였다. 나무 윗부분은 빽빽하게 잘 관리되어 담장으로서 훌륭했지만, 아래쪽은 구멍이 숭숭한 허점투성이였다. 멀리 정문까지 돌아가기 싫은 아이들의 쪽문이었고, 지각을 목전에 둔 학생에게는 구원의 문이었다. 사랑이 묻어나는 점심 도시락이 슬며시 남모르게 넘나들었고, 길 가던 어른들이 곁눈질로 제 아이를 훔쳐보던 감시망이기도 했다. 아침저녁으로 꼬맹이들의 까르르한 웃음소리가 넘쳐 나오고, 아지랑이 따라 봄기운이 스며드는 길목이기도 했다. 안과 밖, 학교와 외부를 가르는 담이지만 사실은 경계를 알리는 형식이었을 뿐이었다.

고향 마을에도 커다란 탱자나무가 있었다. 마을 어귀의 정자나무와 더불어 아이들의 좋은 놀이터였다. 비스듬히 드러누운 줄기에다 그네를 매달아 타기도 하고, 노랗게 익은 탱자를 따러 올라갔다가 옴짝달싹 못 한 채 갇혀버리기도 했다. 연이 걸렸다는 이유로, 높은 곳에서 뛰어내리는 객기를 자랑하느라 수시로 오르내렸다. 얼마나 손때가 묻었는지 나무줄기에는 반지르르 윤기가 흘렀다. 하얗게 무서리가 내린 것처럼 탱자꽃이 소복이 핀 날이었다. 새마을 운동이 모든 것을 허물고 갈아치울 때, 마을길을 넓히느라 탱자나무는 밑동부터 싹둑 잘리고 말았다. 이제는 마을도 변했고 동무들은 떠나 버렸다. 탱자꽃 향기는 추억이 되어 코끝에 남았는데, 나무와 사람은 전설처럼 까마득한 옛이야기가 되어 가물거린다.

  탱자나무는 여러 가지의 이유로 사람 곁에서 살아왔다. 예부터 내 것과 남의 것을 가르는 경계를 표시할 때 탱자나무를 줄지어 심었다. 들락거려서는 안 될 출입금지를 나타낼 때는 울타리의 역할로, 동물의 해코지나 부담스러운 시선을 피하고자 할 때는 가림막으로 사용되었다. 또한, 죄인이나 귀양 온 사람의 거동을 제한할 목적으로 심을 때는 세상과의 단절을 의미한다. 무속의 역할도 만만치 않아, 저승사자나 악귀의 출입을 막는 액막이로서의 막중한 사명을 짊어지기도 했다. 이 모든 기능을 가능하게 하는 핵심은 살벌할 만큼 커다란 가시다. 누구의 접근도 용납하지 않는 최고의 무기를 가지고 있기에 사람들은 걸맞은 의미를 부여하지 않았을까.

  넘볼 수 없는 철옹성같이 무시무시한 가시도 윗가지에만 있다는 사실을 아는 사람은 다 안다. 설사 가시에 걸렸더라도 섣부르게 서둘지 않으면 얼마든지 긁히지 않고 빠져나올 수 있다는 것도 안다. 한마디로 말하자면 탱자나무 가시는 순전히 엄포용이라는 것이다. 나무가 자라면서 굵어진 밑둥치에는 가시가 있다 하더라도 무디어졌거나 혹처럼 변해버리는 경우가 대부분이다. 그러고도 세월이 더 지나면 줄기 사이로는 듬성듬성 틈바구니마저 생긴다. 바람조차 걸러낼 듯 서슬 푸르다가도 어느 날부터는 슬며시 빈틈을 만들어 놓는 것이다. 가로막기만 하는 것이 능사가 아니라는 것을 알아버린 탓이리라.

늦게 나다니는 딸아이에게 듣기 싫은 소리를 했다. 아비의 걱정이 제 딴에는 아프게 들렸는지 풀죽은 모습이 안쓰럽다. "빨리 들어오너라." "옷차림이 왜 그 모양이냐." 고정된 울타리 속으로만 몰아넣으려는 고리타분함이 아버지와 딸 사이에 보이지 않는 경계를 만들어버린 모양이다. 자유분방하고 창의적인 아이들은 이것도 해 보고 저것도 해보고 싶은 나이다. 그런 심정을 마음으로는 이해하면서도 품 안에 가두어 놓으려고만 한다. 마음 따로 말 따로, 나의 부적절한 대응으로 인해 부녀간의 갈등이 깊어지고 거리는 점점 멀어져만 간다.

촘촘한 울타리를 만들었지만, 모르는 척 아래를 슬쩍 비워놓았던 초등학교의 울타리가 새삼 눈에 밟힌다. 나 역시 알 듯 모를 듯, 조금은 틈바구니를 만들어 놓는 것도 삶을 매끄럽게 만드는 방법 중의 하나이지 않을까. 탱자나무가 꼭 무엇을 가로막는 금단의 의미였던 것만은 아니지 않은가.

한 생각만 넘으면, 이 무시무시한 가시도 종기를 터뜨리는 바늘이 되고, 치통을 다스리는 훌륭한 약이 되기도 한다.

개망초

 내 이름은 '개망초'다. 그냥 망초도 아니고 개, 망초다. 망초와 나는 사촌지간으로 북미가 고향인 두해살이풀이다.
 어찌어찌 하다가 보니 이 먼 동방의 나라까지 흘러들어오게 된 이주민 신세다. 내 의지와는 상관없이 일제 강점기가 시작될 무렵, 산 설고 물선 세상으로 옮겨져 왔다. 객지생활에 대한 걱정과는 달리, 알맞은 기후에 임자 없는 땅까지 천국이 따로 없었다. 나를 처음 보니 해코지하는 천적도 없고, 경쟁자도 거의 없었다. 햇볕이 잘 드는 공터를 굼뜬 토종보다 먼저 차지해 내 세상으로 만드는 것은 식은 죽 먹기였다. 철로 옆이건, 묵정밭이건, 빈터만 있으면 다 차지해서 자손을 번성시키니 말 그대로 신천지였다.
 '호사다마'라고 했던가. 우리에게 시련이 닥친 것은 사람의 눈에 뜨이면서부터다. 나라를 빼앗겨 가뜩이나 심기가 불편한데, 듣도 보도 못한 것들이 제 세상인 양 설쳐대니 미운 털이 박혀버린 것이다. 그래서 얻은 이름이 나라를 망친 풀이라고 '망초'고, 나는 그보다 더 밉다고 '개' 자까지 붙여져 '개망초'다. 내가 말아먹은 것도 아닌데 애먼 나와 망초가 망국의 한을 다 뒤집어쓴 셈이니 억울하기만 하다. 거기에다가 별명이라고 불러주는 것도 '망국초'고 '망할놈의풀'이다. 도대체 내가 뭘 어쨌다고 이다지도 구박을 받아야 한다는 말인가.

 사람들 속담에 '달면 삼키고 쓰면 뱉는다.'라는 것이 있다고 하더니 요즘 세태가 딱 그 모양이다. 어떤 식물이 어디에 좋다 하면 만병통치약이라도 되는 것처럼 요란을 떤다. 외래종을 들여와 장삿속으로 키우다가도, 소용없다 싶으면 생태파괴의 주범으로 몰아붙인다. 안타깝고도 서러운 타관살이의 비애다. 따지고 보면 사람도 이 땅에서는 굴러온 돌이 아닌가. 대부분의 먹을거리도 외부에서 건너온 것들이다. 배추며 감자, 그렇게 좋아하는 고구마까지 오히려 토종을 찾는 것이 더 어려울 지경이다. 없으면 하루도 못 살 것 같은 벼가 어디 본래부터 이 땅에서 자란 것이었나. 지금은 필요 없다 싶어도 함께하다 보면 적응도 하고, 서로 도움이 될 수도 있는 것 아니겠는가. 알고 보면 나도 쓰임새가 상당히 있는 몸이다. 설사를 멈추게도 하고 해독도 할 줄 안다. 여느 식물처럼 나물을 해도 되고, 꽃도 제법 봐 줄 만하지 않은가.

 사람들로 인해 세계가 한 덩어리로 살아가는 시대이니 나와 같은 귀화종은 점점 더 늘어날 것이다. '눈에 거슬리고 해악이 된다고 해서 씨를 말려야 한다.'는 사람의 초법적 논리가 절대적인 것만은 아니지 않은가. 그냥 두면 저절로 도태되고, 순응해 가는 것이 자연의 순리이다. 생태의 법칙이 이러하니 자연은 자연에 맡겨두는 것도 한 가지 방편이 될 수도 있을 것이다. 외국인 근로자, 다문화 가족, 탈북자, 같은 사람조차 다르게 바라보는 당신들의 문제부터 우선 해결해 보는 것이 어떻겠는가. 산새가 있고, 물고기도 있고, 나와 같은 개망초도 있어야, 사람의 세상도 존재할 수 있음을 기억해 주었으면 좋겠다.

망우초

 통한의 현장을 찾아가는 내 마음을 알기라도 하는 것일까. 짓궂은 빗줄기가 내렸다 그치기를 반복한다.
 바닷가 모퉁이를 돌아드니 소복을 입고 조문객을 맞는 상주처럼, 하얀 천막들이 처연하게 늘어서 있다. "팽목항 들머리 소나무가 몸서리를 친다."라고 어느 시인이 부르짖었던 나무 아래에서 잠시 차를 멈춘다. 눈앞이 뿌옇게 흐려진다. 멈추었던 비가 다시 쏟아져 내린 탓이리라. 길섶의 소나무도 슬픔의 무게를 아는 듯, 가지를 늘어뜨린 채 우두커니 비를 맞고 있다. 한때 수많은 사람으로 들끓었던 방파제에는 무거운 침묵만이 내려앉았다. 시간이 지남에 따라 우리의 기억에서 점점 잊혀 가는 것은 아닌지 서글퍼진다. 세사에는 절대로 잊지 말아야 할 것도 있거늘.
 유족들이 머무는 곳이라 출입을 금한다는 걸개가 걸린 막사 앞을 건는다. 고개를 들기조차 부끄럽다. 돌아오지 않는 딸, 아들을 기다리며 부르짖던 절규가 아직도 생생히 들리는 듯하여 가슴이 먹먹해진다. 작으나마 진즉 와서 그 고통을 나누지 못했기에 그저 고개를 숙여 사죄하는 마음일 뿐이다. 기울어지고 비뚤어진 이 사회의 중심이 무너져 생긴 어이없는 재난이거늘, 어찌 나의 죄는 아니다 할 것인가. 제대로 된 사회를 만들어야 하는 책임을 다하지 못한 내가 방조자이고 죄인임을 어떻게 부정하겠는가.

태풍이 몰려온다고 한다. 방파제에 걸린 노란 리본이 파르르거리며 내지르는 열규가 더욱 구슬프다. 수많은 사람의 기원과 바람을 끝내 외면한 채 주검으로 돌아온 아들, 딸, 아버지, 어머니. 아직 생사조차도 확인하지 못한 이들의 이름이 새겨진 리본 앞에서 가만히 눈을 감아본다. 그들이 시꺼먼 수면 아래에 잠겨 있을 저 먼 바다를 바라보며 묵상을 한다. 미안하다고, 미안하다고밖에 말할 수 없는 내가 밉다. 돌아오라고, 제발 돌아와 달라고 간절히 기원해 보는 것이 전부인 내가 슬프기만 하다.

온 나라를 비통과 슬픔으로 몰아넣었던 참사를 당한 지 겨우 석 달이 조금 더 지났을 뿐이다. 자식을 먼저 보낸 아비 어미, 부모를 잃은 아들, 딸들의 눈물이 채 마르지도 않았다. 피눈물로 얼룩진 이 팽목항의 천막도 그대로이고, 차가운 체육관 바닥에서 새우잠을 자며 애타게 기다리는 가족들도 그대로이다. 그런데도 우리는 그 참상의 본질을 망각해 가는 듯해 더욱 안타깝다. 누가 잡혔다는데 더 많은 이목이 쏠리고, 무엇이 어떻다고 하더라는 또 다른 유언비어에 더 관심을 가진다.

묻노니, 저 꽃다운 주검 앞에서 온 나라가 비통에 잠겨 맹세한 바가 무엇이었던가. 이들의 희생이 헛되지 않도록 이번에는 기필코 잘못된 것을 바로 세우자고 한목소리로 다짐한 이는 누구였던가. 뻔질나게 들락거리던 정치인, 내로라하는 인사들은 다 어디로 갔는가. 이런 참상이 되풀이되지 않도록 대책을 세우느라 어디에서 밤잠을 설치고 있는가. 저 노란 리본 앞에서 요란한 셔터 소리를 울리며 주먹을 불끈 쥐었던 그대들의 각오는 다 어디에 새겼는가. 현실이라는 어줍은 핑계로 나태한 방관자로 전락해 가는 나는 또 어떤가. 변죽만 울리다가 시간이 흐르면 모든 것을 하얗게 잊어버리는 것이 현재를 살아가는 우리들의 어이없는 현실이다.

커다란 재난이 어디 이번뿐이었던가. 가스가 폭발하고, 건물과 다리가 무너지고, 열차가 추돌을 일으키는 재난을 겪을 때마다 다시는 이런 일이 일어나지 않게 하겠노라고 각오를 다지지 않았던가. 그런데도 이런 황당하고 어이없는 재난이 반복되는 것은 왜일까. 대책을 세워야 할 이들은 제 이익을 위해 아전인수 격 공론만 일삼는다. 이들을 감시하고 질타해야 할 언론과 사회단체는 자극적인 기사나 무책임한 언동으로 관심을 끌려는 데에만 급급하다. 구태여 남을 탓할 이유도 없다. 본질을 호도하는 얄팍한 사람들의 그럴듯한 변명에 휘둘려 끝까지 추궁하지 못한 나와 우리 때문이기도 한 것이다.

무거운 발걸음을 되돌려 나오는 길, 바다를 바라보는 언덕에 노란색 원추리 꽃들이 리본처럼 바람에 흔들리고 있다. 하늘도 사랑하는 사람을 잃은 이들의 슬픔을 위안하고자 하는 것일까, 여기 한 서린 팽목의 언덕에 원추리 꽃을 데려다 놓았다. 원추리의 다른 이름은 훤초다. 훤당께서 집을 떠난 자식이나 지아비를 애타게 그리며 바라보는 풀이라는 의미가 있다. 가족이 한시라도 빨리 돌아오기를 바라는 간절한 염원이 담긴 꽃이다. 더하여 근심을 덜어준다는 뜻으로 망우초라고 부르기도 하는 꽃이다. 자식을, 부모를 잃은 뼈저린 통한이 어찌 쉬이 사그라지겠는가. 그래도 서로 나누고, 보태어 가면서 조금이나마 덜어지기 바라는 마음을 담아 볼 뿐이다.

 망우초 한 송이를 바친다. 사랑하는 사람을 잃고 시름에 빠져있을 가족들에 바친다. 궂은일 마다치 않고 바라지를 하는 거룩한 봉사자들에도 바친다. 내 일처럼 슬픔을 함께 나누는 온 국민에도 바친다. 참담한 재난을 당해 어이없이 희생된 희생자들에게 바친다. 어서 빨리 돌아오기를, 조금이나마 위안되기를, 다시는 이런 일이 없기를 바라는 마음을 담아 노란 꽃 한 송이를 저 시퍼런 바다로 띄워 보낸다.

2부
고마리처럼

똥두디 아이가
들국화
고마리처럼
숲길
억새밭에서의 고독
꿈속의 사랑
지네와 비수리
은행나무 행복론
쑥부쟁이 인연
참나무
겨울나무
내 마음의 동백

똥두디 아이가

　언제부터인가는 모릅니다. 내 마음속에는 눈송이처럼 새하얀 별꽃들이 나풀나풀 내려앉아 반짝이고 있습니다. 아마 밤하늘의 별들을 가슴에 품는 것이 부질없다는 사실을 깨닫고 나서부터이지 싶습니다.
　전깃불이 없었던 어린 시절 고향의 별들은 캄캄한 하늘에 유리알을 뿌려 놓은 듯 영롱했었지요. 늦은 밤, 숨바꼭질하느라 커다란 느티나무에 올라 바라본 별은 또 어떠했고요. 머리 위에서 우르르 쏟아져 내리기라도 할 것처럼, 숨을 들이쉬면 내 몸속으로 빨려들 듯 가까이 있었습니다. 어머니의 무릎을 베게 삼아 치어다본 별은 또 다른 의미였습니다. 아득한 동화 나라처럼 깜박깜박 재미나는 이야기들을 들려주었습니다. 은하수를 항해하는 뱃사람들의 희망봉처럼 아련하게 다가오는 별이었습니다. 나는 별을 바라보면서 동화 속의 공주님을 만나고, 낙타를 타고 사막을 횡단하는 꿈을 꾸었습니다. 별을 헤는 시인이 되기도 했고, 나의 별 너의 별을 읊조리는 낭만의 예술가이기도 했습니다.

 희망의 별을 가슴에서 키워가던 어느 날, 절절한 마음으로 올려다본 밤하늘에서 어긋나버린 현실을 발견했습니다. 길라잡이인 줄만 알았던 별들이 사실은 나를 내려다보며 조소하고 있다는 사실을 알아버렸던 것입니다. 젊음을 바쳐 꿈을 심었던 회사가 부도로 망해버렸습니다. 막막한 심정에 도망쳐 버린 사장을 미워하는 것이 내가 할 수 있는 전부였습니다. 세상을 원망하고 남을 미워하는 순간부터 현실의 별은 빛을 잃었던 것이지요. 삶의 목표를 잃어버린 것입니다. 내 마음대로 할 수 있는 것이 없다는 것을 깨닫는 순간, 동화 속의 별은 내 곁에서 떠나갔습니다. 별을 잃은 자의 당황스러운 마음을 아시는지요. 희망봉의 등댓불은 꺼지고, 은하수의 너울이 폭풍처럼 다가오는 두려움에 그저 바라보는 것이 전부였습니다. 그렇게 별을 보내고, 숙명처럼 체념을 안고 살았습니다.

"어머이, 이기 뭐꼬."
"것도 모리나, 똥두디 아이가."
 생전의 어머니가 나를 두드려 깨운 것은 한참이나 지난 뒤의 일이었습니다. 바깥바람이 아직도 매서운 이월 어느 날, 시금치를 캐는 어머니 곁에 피어 있는 꽃을 보면서 주고받은 말입니다. 경상도 말로 '똥두디'는 '오물을 처리하는 걸레'라는 뜻입니다. 둘도 없는 천덕꾸러기라는 뜻이지요. 농사일에 도움도 안 될뿐더러, 귀찮기만 한 잡초이니 농부의 처지에서야 당연한 이름이었을지도 모릅니다. 나 역시 시골에서 자랐지만, 잡초에 크게 관심이 없었던 탓인지 전혀 생소한 이름이라 조금 놀랐습니다.

제법 봐줄 만한 구석이 있는 꽃인데도 불구하고 똥두디라니, 신기한 마음에 다시 한 번 꽃을 들여다보았습니다. 찬찬히, 한참을 바라봅니다. 좁쌀만 했던 꽃이 눈 가득 들어차고, 암술, 수술, 백설처럼 하얀 꽃 이파리가 확대경을 들여다보는 것처럼 다가옵니다. 그 속에는 아주 작은 개미 한 마리가 꼬물거리며 기어 다니고 있었습니다. 아무것도 없을 것 같은 이 혹독한 추위 속에서도 꽃은 피고, 개미는 열심히 제 살 궁리를 하고 있었습니다. 순간, 감전된 사람처럼 내 전신을 타고 흐르는 전율이 있었습니다. 겨울 논둑에 핀 작은 꽃, 그 이름이 별꽃이었습니다. 그렇게 새로운 별은 내 가슴에 내려와 앉았습니다.

'마음이 가면 몸도 간다.'고 했던가요. 조금씩 변해가는 마음을 따라 새로운 세상을 마주하게 되었습니다. 자신을 찾아가는 세상 말입니다. 내가 절망에 빠져 있는 동안에도 사람들은 나름대로 자기의 길을 충실히 가고 있었습니다. 어떤 이는 공부를 하고, 어떤 이는 자전거를 타고, 또 어떤 이는 마음 수양을 하면서 삶의 위안을 얻고 있음을 보게 되었습니다. 그랬습니다. 절망은 스스로 하는 것이었습니다. 그러기에 남이 건져내어 주는 것이 아니라, 제힘으로 빠져나와야 하는 것이었습니다. 남을 탓하는 것이 얼마나 바보 같은 일이라는 것도 겨울 별꽃을 보고 난 뒤에야 알았습니다.

하늘의 별을 쫓는 대신, 현실을 살아가는 사람이 되었습니다. 지금은 제비꽃을 보고, 벼룩나물도 봅니다. 아름다운 이야기는 글로 쓰고, 멋진 풍경은 사진으로 남깁니다. 환상의 별 대신 현실의 별을 마음에 쌓아가는 것입니다. 갓 태어난 별, 큰 별, 늙은 별, 시름시름 시들어가는 찢어진 별까지 내게는 하나 버릴 것 없는 소중한 친구입니다. 풀꽃도 있고, 동물도 있고, 사람도 있습니다. 저마다 가지가지 개성 있는 운명을 가지고 태어났지만, 자연 속에서 함께 어우러지는 동료들입니다. 이 별들은 연약하지만 제 홀로 빛나는 별들입니다. 짓밟히고 이겨져도 다시 일어서는 진정한 별들입니다.

별꽃이 전하는 꽃말은 추억입니다. 이제는 추억 속에서나 불러 볼 수 있는 이름이 되어버린 어머니가 꽃 속에서 속삭입니다. "얘야, 똥두디를 잊지 말거래이."

흔해 빠진 꽃, 천대받는 꽃, 똥두디같은 꽃이지만 찬찬히 들여다보면 반짝반짝 별이 보입니다. 별꽃은 자신만의 별을 품고 삽니다. 드러내지도 않고, 자랑하지도 않지만, 늘 그 별을 가슴에 안고 마음으로 쓰다듬습니다. 그래서 별꽃은 하얗게 빛나는 것이지요.

들국화

　가을이 한창 무르익었다. 불긋한 단풍이 감나무 가지 끝에 걸리는가 싶더니, 슬며시 억새의 머릿결에 백발을 내려다 놓았다. 어느 결에 피어났을까. 길섶에는 들국화가 제철을 만난 듯 무리 지어 하늘거리고 있다.

　들판이 노릿해져 오고 방울벌레 소리가 풀숲에서 짤랑거리면, 들국화의 계절이 시작된다. 누가 보아주지 않아도 제 홀로 피었다가 스러져 가는 그 함초롬한 꽃을 보면서 어떤 이는 시를 지어 화답하고, 또 어떤 이는 노랫말로 반긴다. "나는 높은 언덕에 서서 하얗게 피어납니다."라는 김용택 시인의 시구처럼, 애틋한 들국화 한 송이는 내 가슴에도 피어난다. 소들이 풀을 뜯던 고향 언덕배기에 대한 아련함일까. 아침이슬이 조롱조롱 매달린 들녘의 오솔길에서 넋을 잃고 바라보았던 들꽃에 대한 사무치는 그리움일까.

내 마음속의 들국화는 보랏빛이었다. 아침 안개 자욱한 날, 환상 속의 그녀처럼 흐릿한 안타까움으로 다가왔다. 가을걷이가 끝난 텅 빈 들판에 홀로 드러누운 허수아비 곁에서 어서 오라고 나에게 손을 흔들고 있었다. 고독을 알아갈 무렵, 붉디붉은 노을을 등에 업은 들길에서 나는 꽃줄기를 꺾고 있었다. 아름다움에 대한 치기 어린 탐닉이었을까, 그도 아니면 마음에 담고 싶다는 무의식의 발로였을까. 가슴 가득 꽃다발을 껴안은 소년의 꿈은, 들국화의 보랏빛 꽃망울로 부풀어 있었다. 유년의 가을, 그 어둑해져 가는 길섶에 자지러졌던 것은 개쑥부쟁이였다.

산에 들면서 구절초를 만났다. 온 능선을 하얗게 뒤덮은 꽃밭에서 혼자 노닐었던 황매산의 신선지경은 아직도 꿈인 듯 몽롱하다. 무리 지어 끝없이 펼쳐져 있는 모습도 환상적이지만, 사실 구절초는 바위틈에서 홀로 피어야 고고하다. 산자락을 수놓았던 수많은 영욕이 다 사라져 가버린 산정의 가을은 유달리 쓸쓸하다. 서릿발 돋은 적막한 바위산 꼭대기에 홀로 선 한 송이 꽃, 구절초. 그 창백한 고독은 차라리 달관에 이른 초연함이다. 이 풍진 세상 속에서 내 모습도 저리 고절하게 간직할 수 있다면 더없이 좋으련만.

바닷가의 가을은 해국이 있어 더 멋스럽다. 풀 한 포기조차 뿌리 내릴 곳 없어 보이는 해안의 절벽에도 때가 되면 융단을 펼친 듯 꽃 잔치가 벌어진다. 해말간 모습으로 바람에 남실거리는 꽃 무리는 푸른 바다와 어우러져 기막힌 조화를 만들어 낸다. 단 한 번 주어지는 향연을 위해서 해무가 흘려주는 생명수로 목마름을 달래며 인고해 왔다. 이것은 바닷가에 터를 잡은 이의 벗어날 수 없는 숙명이다. 거친 삶을 견뎌 왔기에 그들의 환희가 더욱 아름다워 보이는 것이리라.

감국은 노랗게 가을맞이를 한다. 시리도록 파란 하늘에 아른거리는 노란 물결은 또 다른 감흥으로 다가온다. 으레 보랏빛이나 흰색의 들국화만을 떠올리던 내게는 전혀 다른 생경함이다. 가을 그림에 색깔을 입힌다면 어떤 색으로 덧칠할까. 만추의 정취는 황금빛 들판에서 우려내고, 은행나무의 노릿한 낙엽으로 그려낼지도 모르겠다. 가랑잎 흩날리는 느티나무 아래에 놓인 긴 의자에 앉아, 노란 꽃송이 동동 띄운 따뜻한 국화차 한 잔이 그리운 날이다.

들국화는 삶을 서둘지 않는다. 여름이 다 가도록 애써 잎조차 키우지 아니하고 느긋하다. 다른 이의 흥망성쇠를 다 보고 나서야 망울을 열고 계절의 마지막을 지킨다. 그 여유로움은 대대로 이어져 내려온 그들만의 지혜가 있기에 가능하다. 눈에 보이는 들국화 한 송이는 여러 작은 꽃들의 공동체이다. 여럿이 모여 큰 꽃으로 보이는 협업으로 태생적 불리함을 극복해 내었다. 잘났건 못났건 혼자로는 살아갈 수 없다는 세상의 진리를 터득한 현자인 셈이다. 거기에다 제 몫을 다하지 못한 곤충을 위해 끝까지 꽃을 남겨 꽃가루를 나눠주는 어진 심성을 가지고 있기도 하다. 서리에 시들어 가면서도 배고픈 이웃들에게 제 속을 아낌없이 내어놓는다.

들국화는 야속하게도 이름은 있되 실체가 없다. 가을 무렵 산과 들에서 자연적으로 피어나는 국화 무리를 에둘러서 부르는 이름일 뿐이다. 버드쟁이나물, 개미취, 산국, 쑥부쟁이도 제 이름을 가지고 있지만, 두루뭉술하게 들국화라고 지칭되어지는 것들이다. 저마다 모습도 다르고 살아온 환경도 다르지만, 그들은 제 의지대로 살아가는 존재들이다. 어떤 간섭이나 손길을 받기도 원치 않는다. 그렇게 억겁을 살아 내려 왔다. 말 그대로 들에서 나고, 산에서 피고 지는 오롯한 삶일진대 이름 따위가 뭐 그리 대단한 것이겠는가.

시린 바람이 불어온다. 누렇게 말라 비틀어져 버린 풀잎 끝에 공허함이 내려앉는다. 계절이 다 가도록 아무것도 이룬 것이 없다는 초조함일까. 허무함이 밀려온다. 옛사람들은 이런 허전한 마음을 국화로 달래보고자 했던 것은 아닐까. 여유롭고 지혜로우며 너그러운 꽃 들국화. 이 가을, 덧없어지려는 내 마음에 바람처럼 자유로운 들국화 한 송이를 담아 본다.

고마리처럼

실개천이 환하게 웃고 있다. 저녁나절, 들판을 가로지르는 작은 개천이 온통 꽃 천지가 되어 웃음으로 넘쳐나고 있다.

고마리는 물을 좋아하는 식물이다. 작은 도랑이나 냇가에서 주로 자라지만, 물이 있는 곳이라면 하수구라도 마다치 않는다. 제가 살 만하다 싶으면 어디든 터를 잡고 끈질기게 생명을 이어간다. 길섶에서 태어난 녀석은 발길에 짓밟히고, 냇가에서 자리한 무리는 물길에 휩쓸리면서도 굳세게 일어선다. 어찌나 번식력이 왕성한지 여름이 되면 개울이 완전히 고마리 천지로 변해 버린다. 게다가 나를 건드리지도 말라는 듯, 온통 가시로 무장하고 있어 스치기만 해도 따끔거린다. 이래저래 쓸모도 마땅찮고 물길만 막으니, 제발 그만 번지라는 뜻으로 '고만이'로 부르기도 한다. 고향에서는 돼지우리에나 넣는 풀이라고 해서 '돼지풀'이라고도 불렀다. 말 그대로 천덕꾸러기인 셈이다.

무리로 뭉쳐서 살아가는 그들의 속내를 들여다보면 더욱 가관이다. 위에서 떠밀려 내려온 온갖 쓰레기더미를 안고 산다. 잎에는 마른 진흙이 덕지덕지 달라붙어 먼지를 풀풀 날리기도 한다. 걸레 조각이며 빈 깡통, 비닐봉지까지 제 속에다 잔뜩 감춰놓고 있다. 그것뿐만이 아니다. 거머리, 지렁이, 심지어 죽은 동물의 사체까지 껴안고 썩은 냄새를 풍기면서도 천연덕스럽게 내색조차 않는다. 치부를 숨기려는 것인지 아픔을 감추려는 것인지, 모르쇠로 의뭉을 떠는 것이다. 제 흉허물은 가슴속에 꼭꼭 숨겨 놓고, 가식적 웃음을 달고 사는 나 역시도 이와 별반 다르지 않다.

'동전의 양면'이라는 말이 있지 않은가. 그 유래야 어찌 되었거나 한쪽이 있으면 그에 대비되는 다른 쪽도 있다는 뜻으로 사용되는 말이다. 예쁜 구석이라고는 눈을 씻고도 찾아볼 수 없는 것처럼 험담을 늘어놓았지만, 그 뒷면은 전혀 다르다. 이 천덕구니가 알고 보면 생태계에서 아주 중요한 역할을 담당한다는 것은 익히 알려진 사실이다. 무성한 잎 아래로 드리워진 그늘은 물고기들의 쉼터나 은신처가 되어준다. 하수구나 축산농장의 오염된 물은 고마리 무리를 지나면서 말끔히 정화되어 깨끗한 물이 된다. 납이나 구리 등 중금속의 제거에도 탁월한 효과가 있다고 하니 천연 정수기인 셈이다. 이런 능력을 알아보고 '물을 깨끗하게 해주는 고마운 풀'이라는 데서 '고마리'라는 이름이 유래했다는 이야기도 있다.

어린 시절, 장맛비가 그친 뒤 냇가는 우리들의 단골 놀이터였다. 대소쿠리를 가장자리에 받히고 돼지풀을 질근질근 발로 밟아 댄다. 풀숲에 숨어있는 고기들을 내모는 것이다. 서너 번 이 구석 저 구석을 짓밟은 다음 소쿠리를 건지기만 하면 손가락만 한 미꾸라지부터 송사리, 붕어, 개구리까지 펄떡거리며 올라왔다. 흙탕물이 가라앉은 뒤 매끈하게 드러누운 풀 무더기는 개구쟁이들의 푹신한 목욕탕이기도 했다. 어떤 날에는 그 속에 숨어 있던 유리 조각을 잘못 밟아 피를 철철 흘렸던 추억도 이제는 옛말이 되었다.

아무리 하찮은 식물일지라도 일생에 한 번은 그 존재감이 뚜렷이 도드라지는 때가 있다. 어떤 식물은 단풍이 일 때 색색으로 고운 모습을 드러내고, 또 어떤 나무는 먹음직한 열매를 맺어 자기를 내세운다. 그래도 대부분 나무와 풀들은 꽃을 피울 때가 가장 확연히 빛난다. 산벚나무 꽃이 피면 우리 산에 벚나무가 저렇게 많았나 싶기도 하고, 얼레지가 꽃을 피우면 온 계곡이 얼레지 꽃밭처럼 여겨질 때도 있다. 지금 눈앞에 펼쳐진 꽃 잔치도 생의 마지막 본분을 다하고자 불꽃처럼 제 존재를 드러낸 것이다. 세대를 이어갈 절체절명의 명제이기에 어쩔 수 없이 자신이 노출되는 위험을 감수하는 것 아니겠는가.

고마리는 감당하기조차 버거운 짐 덩이들을 제 몸으로 삭이며 살아간다. 무슨 거창한 명분이나 이유가 있는 것이 아니다. 그저 살기 위한 몸부림이다. 쓰레기더미에서 우러나는 구정물을 제 촉수로 핥고 핥아 배를 채운다. 너덜거리는 비닐조각을 운명처럼 보듬어 안고 인내하며 살아간다. 아무리 잘나고 완벽한 사람일지라도 속내를 들여다보면 허물 하나쯤 없는 사람이 어디 있을까. 이 풀 무리처럼 그저 제 속에서 삭이고 제 혼자 걸러내면서 어루만지는 것이리라.

연꽃이 사랑받는 것은 진흙탕 속에서 자라지만, 티 없이 맑은 꽃을 피우기 때문이다. 그런 생각으로 보자면 작고 보잘것없어 보이는 이 고마리도 별반 다르지 않다. 눈총 받고 물길에 휩쓸리는 거친 삶을 꿋꿋이 살아내었기에 지금처럼 환하게 웃을 수 있는 것 아니겠는가. 내가 품고 사는 온갖 고민과 회의도 안으로 거두어 삭이다 보면, 언젠가는 털어버릴 수 있는 날도 올 것이다. 이 여린 풀 한 포기가 구정물 속에서 성장의 자양분을 건져내듯, 역경과 질곡이 어쩌면 내 삶을 유지하게 하는 영양소가 될지도 모르는 일 아닌가.

거친 삶을 살아온 고마리의 연분홍 꽃잎이 가을 햇살에 반짝인다. 비록 험난하고 지난한 길이었다 하더라도, 온 힘을 다한 뒤에 피워낸 꽃 한 송이가 이리도 아름다워 보이는 삶. 그렇게 살고 싶다. 고마리처럼.

숲길

 산이 술렁이고 있다. 온 숲이 잔치라도 벌어진 듯 어수선하고, 계곡의 웅덩이조차도 울긋불긋 너울거린다. 생강나무가 노란 무대를 만들어 놓으니, 붉나무는 빨갛게 춤을 춘다. 고달픈 생을 살아오느라, 푸름 속에 구겨 넣었던 열정을 보란 듯 토해내는 늦가을 저녁나절, 노을도 고운 날이다.
 바람이 불어온다. 형형색색으로 물들었던 나뭇잎들이 우수수 낙엽이 되어 쏟아진다. 숲길을 걷고 있는 내 머리 위로도 어지럽게 흩날린다. 자박자박 걸음을 옮길 때마다 너부러진 삶의 흔적들이 바스러진다. 고개를 들어보면 나무 위에는 아직도 이파리들의 불타는 정열로 가득하다. 숲 아래에 드러누운 주검은 마치 남의 일인 듯, 바람에 장단을 맞추어가며 해거름의 향연을 즐기고 있다. 고개를 숙여 발밑을 쳐다본다. 내가 높은 곳만 바라보면서 황홀함과 감탄에 젖어있을 때, 가노라는 석별의 말 한마디조차 전하지 못한 남모를 이별이 이렇게나 많았었나. 새삼 숲길이 숙연해진다.

길섶에 나뒹구는 붉은 낙엽 하나를 주워본다. 먼발치에서 볼 때는 티 없이 곱게만 보이더니 귀퉁이가 떨어져 나간 낙엽이다. 여름날 태풍의 흔적일까. 고스란한 이파리를 기대하며 다시 하나를 줍는다. 휑하니 구멍이 뚫려있다. 옆구리에 상처를 입은 녀석, 손가락(?)이 떨어져 나간 친구, 가장자리가 너덜너덜한 가랑잎들을 주웠다가는 버린다. 버리고 줍기를 몇 번이나 반복한 끝에야 겨우 온전한 잎사귀 하나가 눈에 들어온다. 그조차 아직 푸른 이파리다. 너는 낙엽이 되어 너부러지기에는 너무 이르지 아니한가.

낙엽들도 나름, 무척이나 험난한 세월을 살아왔다는 생각을 해본다. 별스런 곡절이 있을까 싶은 나뭇잎들이지만, 막상 가까이 들여다보면 제각각이다. 찌그러지고 바스러지고 찢어지고 곰삭았다. 나뭇잎의 한살이가 어쩌면 우리네 세상살이와 이렇게도 닮았을까. 젊은 날 이파리를 갓 피워낼 때의 부푼 꿈은, 현실이라는 험난한 벽 앞에서 조금씩 상처를 입고 퇴색되어 간다. 그러다 만난 고비 길에서는 찢어지기도 하고, 생각지도 못한 일을 당해 흉터로 남기도 했을 것이다.

그래도 나무들은 자기가 해야 할 일과 처신할 때를 잘 안다. 모진 추위 속에서는 자신을 다독이며 날이 풀리기를 기다린다. 때에 맞춰 잎을 내고, 비와 땅의 기운을 받아들인다. 또, 늦지 않게 꽃을 피우고 열매를 맺는다. 그리고 오늘처럼, 떠날 때를 알아 스스로 별리의 손을 놓는다. 남은 이를 위해서 기꺼이 바람에 몸을 내던질 수 있는 것, 이런 것이 진정한 사랑이 아닐까. 현실을 바로 보고, 떠날 때를 안다는 것이 사람살이에서 가장 어려운 일 아니었던가.

다시 낙엽 하나를 들여다본다. 듬성듬성 벌레가 갉은 흔적이 뚜렷한 이파리다. 문득 낙엽의 상흔 위로 주름 가득한 얼굴이 겹쳐진다. 서른 넷, 꽃다운 나이에 청상이 되어버린 여자다. 삼베옷의 의미조차도 모르는 자식 넷에 땅 한 쪼가리 없이 홀몸으로 던져진 세상. 세 살배기를 업고, 머리에 보따리를 이고, 다리품으로 건사한 삶이었다. 새벽녘에 들려오는 한숨 소리와 수건으로 눈가를 훔치는 의미를 알게 된 것은 한참이나 지난 뒤였다. 옆에서 건네는 무심한 말 한마디가 생채기로 남았을 것이고, 홀로 살아가는 여정 자체가 구멍 뚫린 삶이었을 것이다. 그런 세월이 어언 오십 년이다. 이제 그이도 늦가을의 이 앙상한 나뭇잎처럼 생기를 잃고 기억을 잃었다. 메울 수 없었던 휑한 가슴과 듬성듬성 뜯겨 나간 옆구리의 흉터까지, 다 삭여 보듬어 안고서 살아온 삶이었다.

노을이 길게 드러누워 있는 가을 하늘이 새뜻하고도 고와 보인다. 붉게, 노랗게, 갈색으로 물든 단풍이 더해진 어스름한 하늘은 말 그대로 한 폭의 그림이다. 벌레가 먹은 나뭇잎에도 단풍은 물들고, 찢어진 잎사귀 위로도 가을은 익어간다. 세사의 풍파를 헤치며 나름대로 열심히 살아 나온 나뭇잎들이다. 각자의 상흔 하나쯤 새겨져 있음이 어쩌면 지극히 당연한 것 아닐까. 더하여, 발아래에 밟히는 주검들도 그 푸름이 다했다고 자취마저 지워지는 것은 아니다. 어떤 곤충은 가랑잎을 이불 삼아 추위를 이겨내고, 대지는 겨울의 목마름을 견딘다. 그리고도 썩어 문드러질 즈음이면, 누군가의 거름이 되어서 다시 태어나리라.

 늦은 가을 가랑잎이 흩날리는 숲길을 걸으면서, 해거름의 단풍잎처럼 물들어가는 어머니를 생각해 본다. 혹독한 운명의 상처를 사랑과 희생이라는 고운 색으로 덧입힌 그이처럼, 완전하기보다 아름답게 물들어가는 방법을 이 가을에는 깨우쳐보았으면 한다.

억새밭에서의 고독

 억새들의 춤사위를 보고 있다. 살랑대는 바람을 타고 이리저리 휩쓸리며 밀려오는 파도처럼 은빛으로 일렁인다. 몸을 숙여 휘감아 도는가 하더니, 백발을 흩날리며 고개를 주억거린다. 이파리를 마주 쓸어 흥을 돋우고, 허리를 비틀었다 일으키며 낭창낭창 펼치는 율동이 나비처럼 부드럽다. 일률천편, 하나가 되어 스러지고 한마음으로 일어서는 모습이 어떻게 보면 장엄하기조차 하다. 숱한 무리가 어우러졌음에도 한 올 흐트러짐 없는 군무에 한동안 넋을 놓는다.
 거대한 평원에 펼쳐진 억새밭 사이로 내 마음도 슬그머니 끼워 넣는다. 나도 군중의 일부가 되어 어울려 보고 싶어진 까닭이다. 제법 서늘해진 바람결을 따라 세파에 얼룩진 심사를 같이 풀어놓는다. 건들건들, 슬쩍슬쩍 어깨춤으로 장단을 맞추어 간다. 휘돌아 솟구치기도 하고 주저앉으며 하나가 된다. 이들이 일으키는 너울을 따라 정처 없는 돛단배가 되어 함께 출렁인다. 같이하는 즐거움과 하나라는 동질감이 주는 짜릿한 전율이 온몸을 따라 흐른다.

때로는 격렬하게, 때로는 잔잔히 이어지던 춤사위가 여남은 발자국 앞에서 자꾸만 헝클어진다. 단체행동에서 벗어난 무엇인가가 일으키는 파탄이다. 무리의 이단아처럼 거슬리는 그것이 무엇인지 갑자기 궁금증이 솟아오른다. 풀숲을 헤집고 찾아간 곳에는 시꺼먼 바위가 고도처럼 웅크리고 있다. 질서 정연하게 움직이는 머리 위와는 대조적으로 이곳은 난장판이다. 파도가 바위에 부딪혀 포말로 스러지듯 찢기고 깨어진 잔해들이 맥없이 널려있다.

군중의 장벽에 갇혀버린 외딴 섬 위에 주저앉아 보았다. 억새들이 빨리 춤을 추라고 억지로 일으키기라도 하려는 듯 얼굴을 할퀴고 손등을 찔러댄다. 강요된 질서 속으로의 합류를 종용하는 데 대한 거부감인지도 모르겠다. 흥분되었던 마음이 되레 가라앉으며 따돌림이라도 당한 것처럼 외로워진다. 무리 속에 있지만 어우러지지 못하고 이방인처럼 겉도는 소외감이다. 이런 서글픈 심정을 일컬어 고독이라고 말하는 것일지도 모르겠다.

발치 앞의 억새 하나도 허리가 부러져 드러누워 있다. 그러고 보니 온전해 보이는 것들도 조금씩은 다른 모습으로 다가온다. 이파리가 반쯤이나 없어진 녀석도 있고, 이삭을 다 날려버린 채 민둥한 친구도 있다. 아무것도 아닌 척, 멀쩡한 척, 시침을 떼고 보란 듯 몸을 흔들어 댄다. 밖에서 볼 때는 하나같이 똑같았던 무리였건만 눈앞에서 보니 제각각이다. 드러내지는 않지만 저마다 모자라거나 아픈 구석 하나씩을 안고 있다고 생각하니, 남의 일 같지 않게 다가온다. '너희의 속마음도 외로운 것이로구나.' 하나의 너울처럼 보이는 이 거대한 춤사위도, 두려움을 감춘 각각이 내지르는 내면의 고독한 절규가 아닐까 싶다. 심층에 깔린 고독을 풀어내려고 미친 듯이 군무에 휩쓸리고 있는지도 모르는 일이다. 우리도 제 아픈 속을 다 내보이지 못하고 곰삭혀 가며, 사회 속에서 가식적일지언정 웃으며 살아가지 않는가.

신달자 시인은 '그림자 고독'이라는 말을 했다. 그림자는 물체와 빛이 만들어 내는 허상이지만 분명한 실재이기도 하다. 본체와는 떼려야 뗄 수 없는 불가분의 관계를 맺고 있다. 바꾸어 말하면 태생적으로 한 몸이라는 이야기일 것이다. 빛이 있는 곳에 그림자가 있듯, 사람이 살아가는 한 운명적으로 고독도 같이 한다는 말이 아니겠는가. '인간은 사회적 동물이다.'라는 저 유명한 말 뒤에도, 근원적으로는 개개인의 고독이 드리워져 있음을 암시하는 것이다. 고독은 무시해 버릴 수도, 지워버릴 수도 없이 무조건 함께 가야 하는 숙명 같은 것이 아닐까 한다.

넘어져 무리에 합류하지 못하는 저 억새도 외로운가 보다. 바람이 불 때마다 기어코 끄덕이는 고갯짓이 안쓰럽다. 고독의 사전적 의미는 '세상에 홀로 떨어져 있는 듯이 매우 외롭고 쓸쓸함'이다. 차라리 홀로 있어 외롭다면 제 처지를 받아들일 마음의 준비라도 되어 있을 것이다. 이렇게 무리 속에 있으면서도, 따돌리듯이 느끼는 쓸쓸함이야말로 더없이 처절한 비애가 아닐까. 나에게는 웃으며 맞아주는 문우도 있고, 술 한 잔을 나눌 수 있는 친구도 있다. 힘들기는 하지만 해야 하는 일도 있고, 취미를 같이 하는 모임도 있다. 그런데도 가뭄으로 갈라진 논바닥처럼 갈라져 가는 이 허전한 마음은 어디에서 비롯되는 것일까. 사욕을 다 채우지 못한 시꺼먼 욕망일까, 이상향을 향해 나아가고자 하는 목마른 갈망일까.

  고독이 원래 운명적인 것이라면, 모임이나 동아리는 거기에서 벗어나기 위한 몸부림일 것이다. '아픔은 이해하고 보듬어 주는 사람이 곁에 있어야 치유됨'을 본능적으로 알고 있기 때문이다. 외톨이 같은 현실을 모면하고자 하는 마음의 도피처가 집단이나 사회의 형태로 나타나는 것이리라. 고독은 필연적으로 사유를 동반한다. 형체가 없는 고뇌는 마음으로 숨 쉬고, 가슴 안에서 성장한다. 이성의 냉철함에 발을 디디고, 미래를 예견하는 거울로 심상에 맺힌다. 사색이 깊은 사람은 그만큼 큰 혜안을 가진 사람이고, 본질을 바라보는 지혜를 가진 이일 것이다.

  더없이 넓은 공간을 차지하고 무리를 이루어 군무를 추고 있는 억새밭에서 나는 역설적이게도 고독에 대해 생각한다. 계절이 깊어 갈수록 켜켜이 쌓여만 가는 이 고독한 번민이 내일을 향한 나의 열망이고, 항로를 밝혀주는 등댓불임을 새삼 자각하게 된다. '인생은 결국 혼자 가는 길'이라고 하지 않았던가. 고독 속에서 자유를 느끼고, 소외된 속에서 안돈을 찾아가는 것이 우리네 인생길이 아닐까. '그림자 고독'이든 '원 고독'이든 '운명적 고독'이든 평생을 같이 가야 할 고독이라면, 차라리 보듬어 안고 살찌워 보는 것도 나쁘지 않으리라 생각해 본다.

  황혼이 밀려오는 평원의 억새밭 위로 시꺼먼 까마귀 그림자 하나 북으로 간다.

꿈속의 사랑

 꿈을 꾸었다. 해마다 들국화가 흐드러지게 피는 시월이 오면 못다 이룬 사랑의 꿈을 꾼다. 쪽빛 물감이 쏟아져 내릴 것 같은 하늘에 흰 구름 한 조각이 은행나무 끝에 걸려 있었다. 들판은 금빛으로 너울거리고, 그 너머 언덕배기의 늙은 느티나무는 반쯤이나 갈색 옷으로 갈아입었다. 줄지어 늘어선 코스모스가 바람에 살랑이고, 오솔길 아득한 모퉁이에서 하얀 옷을 입은 소녀는 나비처럼 나풀나풀 날아오고 있었다.
 가을, 가을은 꿈을 꾸는 계절인가 보다. 풀숲에서 귀뚜라미가 서럽게 울어대는 날이면, 그녀는 변함없이 나를 찾아온다. 갈바람처럼 살랑살랑 와서는 똑, 연분홍 꽃잎 하나를 놓고 간다. 열아홉, 청순했던 그녀처럼, 가지런한 이를 드러내어 살짝 웃어주고는 떠난다. 가슴 두근거리는 속삭임도, 내일의 달콤한 언약도 없었지만, 그녀의 눈에서 반짝이던

밀어를 기억하며 밤새워 뒤척인다.

 아, 또다시 시월이 왔다. 밤 기러기 소리에 잠을 깨니 새벽의 하현달은 차갑게 빛나고, 바람에 쓸리는 나뭇잎 소리가 구슬프다. 초롱초롱 빛나는 샛별 같았던 소녀도 이제 귀밑머리가 희끗희끗하게 변했을 것이다. 희미한 안개가 아득히 내려앉은 이른 새벽, 보석처럼 가슴에 여며놓았던 그리움의 주머니를 꺼내 본다. 억새가 키만큼 자랐던 오솔길에서 단발머리 사이로 빛나던 눈동자처럼 해맑은 추억이다.

 코스모스가 하늘대던 길을 둘이서 걷던 날, 꿈 하나를 심었다. 그 가을은 달빛을 머금은 박꽃처럼 하얗게 날아올랐다. 그리고는 민들레 씨앗이 천지로 흩어질 때, 꿈은 가슴으로 들어와 둥지를 틀었다. 꿈은 꿈이라서 아름답다. 이 가을 사랑이라는 이름의 추억을 꺼내어 보면서 지난 시절의 꿈들을 생각해 본다. 높고 아름다웠던 젊음의 꿈들은 지금 어디쯤 와있는 것일까. 서쪽으로 향하여 길을 재촉하는 새벽달을 보며, 접혀버린 꿈들의 길이를 가늠해 본다.

지네와 비수리

 술 단지를 열었다. 알싸한 향기가 주당임을 자처하는 내 코끝을 간질인다.
 우연히도 베란다 한쪽 구석에서 먼지를 뽀얗게 뒤집어쓰고 있는 술 항아리가 눈에 들어왔다. 누군가 비수리로 담근 술이 몸에 좋다기에 지난가을 앞뒤 가릴 것 없이 담가 두었던 술 단지를 일 년이 다되어 가는 오늘에야 발견한 것이다. 남 이야기만 듣고 욕심이 생겨 담그기는 했지만, 아내는 술을 못하니 관심이 없다. 나도 밖에서야 즐기는 편이지만, 집에 들어오면 혼자 마시기가 머쓱해서 찾는 일이 거의 없으니 잊어버리고 있었던 것이다.
 뚜껑을 열고 술을 따르니 유리 항아리에서 쏟아져 나오는 양이 생각보다 많다. 찾아오는 손도 별로 없고 집에 있어도 잘 마시지 않는 술이다 보니, 친분 있는 사람들과 조금씩 나누기로 한다. 아내는 작은 음료

수병에다 술을 나누어 담으며, 오래전에 이사를 한 옛 이웃과 시아주버니, 친정오라버니까지 들먹인다. 항아리의 술이 다 없어질 때까지 옆에서 지켜보고 있는 나에게는 "당신은 밖에서 마시는 것만으로도 차고 넘치네요." 하고 눈을 흘긴다.

비수리를 베어서 집으로 가져온 날 밤이었다. 한밤중에 딸아이의 방에서 들려오는 비명에 온 식구들이 잠을 깼다. 도둑이라도 들었을까, 기겁하여 방문을 열어보니 아이는 말을 내뱉지도 못하고 손가락으로 방구석만 가리킨다. 아뿔싸, 그곳에는 시뻘건 지네 한 마리가 슬금슬금 기어 다니고 있는 것이 아닌가. 도회에서만 자라서 지네 따위를 볼 일이 없었던 아이가 얼마나 놀랐을까. 겁에 질린 아이를 겨우 진정시키고 있자니, 나보다 더 용감한 아내가 책으로 그 원수를 때려잡는다. 베어온 비수리를 딸아이 방 앞에다 널어놓고 다듬는 사이, 그놈이 방으로 스며들었던 모양이다. 제대로 확인하지도 않고 가져왔다고 오밤중에 타박을 들었던 기억이 술 향에 녹아있는 듯하여 씁쓸하다. 이래저래 이 술은 내게 별 도움도 안 될뿐더러 면박만 받았으니 술맛이 날 리도 없다.

사실 지네 사건은 이번뿐만이 아니다. 사오 년 전쯤 여름이었다. 월요일 출장지에서 받았던 아내의 전화에는 심술이 잔뜩 묻어있었다. 좀처럼 내색을 하지 않는 사람이 뭔가 심사가 틀려도 단단히 틀린 듯했다. 출장 중에 싫은 소리를 들었기에 집에 와서는 초인종 누르기가 한 참이나 망설여졌다. 아니나 다를까, 집에 들어서자마자 끝도 없는 잔소리를 들어야 했다. 그 이유도 지네 때문이었다. 산행하고 난 다음 날이 새벽

출장이라서 급한 마음에 등산 가방이며 옷을 세탁실에 대충 넣어 두었다. 아내가 빨랫감을 정리하려고 가방을 들추자, 커다란 지네 한 마리가 툭 떨어졌단다. 표현대로 하자면 뱀인지 지네인지 모를 만큼이나 컸다고 한다. 얼마나 놀랐는지 앉은 자세 그대로 벌러덩 넘어져 버렸다고 호들갑이다. 다행히 어릴 적 기억을 되살려서, 신발 바닥으로 지네의 뒤통수를 후려 갈겨버렸다니 참 용기도 대단하다. 그 정도에서 이놈의 지네가 찍소리 않고 죽어 주었으면 오죽 좋았겠는가. 반병신이 되어 오도 가도 못한 채 제자리에서 뱅뱅이를 돌고 있으니 얼마나 징그러웠을까. 질겁해서 비명을 질러대니 이웃 아저씨가 뛰어나와 제대로 잡아 주었다는 웃지 못할 경험이 있다. 이런 이력이 있는 아내이다 보니 딸아이를 자지러지게 한 지네를 단박에 저승으로 보내 버린 것이다. 무심한 나 때문에 이래저래 애꿎은 지네만 목숨을 잃었으니 한편으로는 마음이 불편하기도 했다.

식물과 자주 접하다 보니 약초에 관련된 여러 이야기를 들을 기회가 많다. 무엇이 몸에 좋다느니, 무슨 식물을 어떻게 하면 효과가 있다느니 하는 식의 뜬금없는 말을 듣게 된다. 특히나 인터넷에서는 근거도 없이 모든 식물이 다 만병통치약처럼 과대 포장되어 있다. 한 번 사람들의 관심 대상이 된 식물은 씨가 말라버릴 정도로 남획되는 경우가 허다하다. 물론 어느 하나하나 소용이 없는 식물이 있겠는가만, 그 정도가 지나치니 문제인 것이다. 아프지도 않은 사람이 그저 제 몸 하나 호사하자고, 온갖 식물이나 동물들에 수난을 가한다. 요즘은 어느 산에서나 흔하게 자라던 잔대나 도라지조차도 만나기가 쉽지 않은 지경에 이르고 말았다.

　무엇이든 지나치면 화가 되는 법이라지 않은가. 효과가 있는 풀도, 건강에 이로운 나무도 그저 필요한 정도면 충분한 것이 아닌가. 풀도 나무도 제 몫의 삶을 가진 소중한 목숨이라는 것을 잊지 않았으면 좋겠다. 베란다에 퍼지는 술 향기는 달콤한데, 사람들의 과도한 이기심에 나도 동참한듯하여 자꾸만 뒤가 켕긴다.

은행나무 행복론

살다 보면 한 번쯤은, 세상에서 가장 빛나는 때가 있다. 가지 끝에 주렁주렁 행복 주머니를 매달고서, 오연하게 세상을 굽어보는 오늘처럼 말이다. 늦은 가을 해거름, 잔잔하게 불어오는 바람에 몸을 내맡긴다. 폭포수처럼 가을 햇살이 쏟아진다. 바르르, 이별을 예감한 늙은 이파리가 아쉬운 여운을 남긴다. 스치듯 뜬금없이 다가오는 오늘 같은 날, 애써 짊어지고 온 고해의 덩어리들을 미련 없이 내려놓는다. 쑥부쟁이마저 말라비틀어진 길섶에는 샛노란 낙엽들이 수북하다.

지나온 봄날은 왜 그리도 서러웠을까. 복사꽃이 연분홍으로 흐드러질 때, 푸르죽죽한 꽃잎이 부끄러워 잎사귀 아래로 감춰야 하는 것이 슬펐다. 벚꽃에 열광하는 뭇 사람들로부터 눈길 한 번 받지 못하는 자신이 초라했고 실망스러웠다. 그래서 그 봄날은 짝 잃은 소쩍새처럼 혼자 울었다.

누군가가 그랬었다, '시간은 모두에게 공평한 것'이라고. 영원할 것만 같았던 고난의 굴레가 여름 뙤약볕에 긴 그림자로 드리워지던 날, 어떤 이가 내 그늘에서 피곤한 몸을 쉬었다가 갔다. 또 누군가는 비를 피하며 커다란 둥치에 기대어 사랑을 만들었다. 품 아래에서 막걸리 한 사발로 시름을 덜어내는 이웃을 보며 조금씩 고독의 덩어리를 같이 녹여왔나 보다.

닐 파스리차가 제시하는 한 스푼의 행복이란, 예상은 가능하지만 기대하지 않은 작은 상황 뒤에 숨어 있다. 계산대의 긴 줄이 서서히 지켜워 질 무렵, 새로운 계산대에서 "이쪽으로 오세요."라는 외침 한마디에 행복해한다. 구내식당에서 식판을 들고 머뭇거릴 때 자신을 보고 손짓하는 친구가 있어 행복하고, 여러 개의 양말이 모두 제 짝이 맞을 때도 행복해한다.

달라이 라마는 행복에 대하여 설파하기를 "어떤 순간 느끼는 행복과 불행은 주변과는 관계가 없다. 상황을 어떻게 받아들이며 자신이 가진 것에 대하여 얼마나 만족하는가에 달려 있다."라고 했다. 그는 암담한 국가의 현실과 종교적 박해 속에서 살아가는 사람이다. 그런데도 항상 행복한 마음을 가질 수 있는 것은 긍정하는 마음을 잃지 않는 데서 나오는 것이라고 할 수 있다. 수많은 사람의 행복한 이야기들은 특별한 것이 아니다. 그저 일상의 작은 것에서 행복을 찾고 만족해한다. 세상에서 자신이 행복하다고 생각하는 사람들은 문명의 혜택을 누리는 사람이 아니라, 자연 속에서 마음껏 살아가는 사람들이다.

행복은 순간의 느낌이다. 우리 삶에서 행복한 순간이 많지 않다고 생각되는 것은 행복했던 감정도 두어 번 반복되면 무감각해지기 때문이다. 목마를 때는 물 한 컵이 행복이고, 배고플 때는 한 끼의 식사가 행복이다. 갈증을 해소한 후에 주어지는 서너 잔의 물이나, 배가 다 찬 다음의 만찬은 오히려 고통스러울 뿐이다. 인간의 감정은 만족을 모르고 항상 새로운 것을 갈구한다. 지금의 가슴 터질 것 같은 행복도, 내일은 채워지지 않은 텅 빈 물통에 불과할 뿐이다.

가을이 저물어가는 오늘, 나는 길바닥이 차고 넘치도록 삶의 잔해들을 내려놓았다. 이들이 흙으로 돌아가 썩고 문드러져, 새봄에는 다시 이웃과 나의 양식이 되어 돌아올 것이다. 차마 놓지 못해, 붙들고 바둥거리던 미련을 던져버린 마음이 더없이 홀가분하다. 지난봄은 무엇이 나를 그토록 두렵게 했을까. 남과 같지 않다는 비교 때문이었을까. 그도 아니면 남보다 모자란다는 열등의식이었을까. 돌아보면 과거는 그저 지나간 시간의 흔적일 뿐인 것을. 긴 겨울이 지나고, 새로운 봄이 와도 복사꽃은 여전히 내 곁에서 화려할 것이다. 나 또한, 눈에 잘 띄지도 않는 푸르죽죽한 꽃을 피울 것이고.

가장 빛나고 아름다운 오늘, 노랗게 물든 잎사귀들을 바람 속으로 흩어버리면서 찾은 작은 행복이다.

쑥부쟁이 인연

 전시장의 문 앞에서 잠시 걸음을 멈춘다. 밖에까지 들려오는 떠들썩한 웃음소리를 듣고 서있자니, 나까지 덩달아 기분 좋은 미소를 머금게 된다. 무슨 이야기가 그렇게 재미있는지 웃음꽃이 한창이다.
 문을 열고 들어서는 나를 발견한 그녀가 환한 얼굴로 반겨준다. 탁자에 앉아 눈길을 마주하는 사람들의 얼굴에는 아직도 웃음이 묻어 있다. 의자에 앉았건 휠체어에 앉았건, 찻잔을 앞에 둔 사람들 모두 즐거운 표정이다. 그 화기애애한 분위기에 슬쩍 끼어들어서 마시는 차 한 잔이 꿀맛처럼 달콤하다.
 나는 그림에 대해서는 문외한이다. 내 눈에 좋아 보이면 잘 그린 것이요, 스쳐 지나다 눈에 들어오면 잠시 머무는, 한마디로 그저 그런 관람객일 뿐이다. 그런데 오늘 전시장에 걸린 마흔 점의 모든 그림이 내 발길을 붙들고 놓아주지 않는다. 해바라기, 동행, 희망, 그녀의 바람만큼이나 두텁게 찍어 바른 덧칠에 담긴 노고를 알기에 쉽사리 걸음을 옮기지 못하는 것이다.

그녀는 휠체어를 타고서야 자유롭다. 건강하지 못한 다리를 타고났기에, 혼자의 힘으로는 걸을 수 없기 때문이다. 그녀의 붓은 입술에 물려서야 제자리를 찾는다. 붓 하나 잡을 힘이 없는 비틀린 손을 대신해, 어금니로 깨문 붓대가 그녀의 희망이고 미래다. 액자 안에서 붉은 자태를 드러낸 저 꽃잎에는 수만 번도 더 주억거린 긍정의 고갯짓이 고스란히 스며있다. 길게 옆으로 그어진 노란 수술 하나하나는 육신의 나약함을 부정하는 그녀의 절절한 도리질이다.

붓이 잘 닿지도 않는 커다란 그림을 그리느라, 물감이며 캔버스를 수십 번도 넘게 뒤엎었을 것이다. 좁고 기다란 화폭의 이런 그림을 그리면서, 좌우로 오간 휠체어의 거리는 또 얼마나 될까. 그림 하나를 완성하기 위해서 헤아릴 수 없이 반복했을 긍정과 부정의 고갯짓, 그 결과가 지금 울려 퍼지는 저 해맑은 웃음소리이리라. 그림 앞에서 이런 상상을 하는 나를, 그녀는 별로 달가워하지 않을 것이다. 그림도 잘 모르면서 쓸데없이 궁상맞은 생각이나 한다고.

쑥부쟁이 그림 앞에서 다시 발을 멈춘다. 바깥출입이 쉽지 않은 그에게 건넨 쑥부쟁이 사진 한 장이 그녀와 맺어진 인연의 시작이었다. 여느 소녀와 다를 바 없이 발랄하고 꽃을 좋아하는 그녀다. 언제였던가. 휠체어를 밀고 같이 들길을 거닐었다. 화단에서 자라는 식물만 보아왔을 그에게, 자연에서 저절로 피고 지는 들꽃이 경이로워서였을까. 길섶에 핀 석잠풀이며 엉겅퀴를 보며 환호와 탄성을 연발하던 모습이 아직도 눈에 선하다. 지난가을에는 사진으로만 알았던 쑥부쟁이를 보았노라고 행복해하던 모습도 잊을 수 없는 추억이다. 내게는 그저 일상 속의 자연이지만, 그녀에게는 쉬이 접할 수 없는 새로운 세상임을 알기에 가슴이 뭉클했다.

앞을 볼 수 없었던 헬렌 켈러는 《사흘만 볼 수 있다면》에서 그랬다. 세상을 눈으로 볼 수 있다면, 제일 먼저 스승을 찾아가 손끝으로만 알던 스승의 얼굴과 몸을 마음에 간직하겠다고 했다. 친구들과 석양에 빛나는 아름다운 노을을 보고 싶다고도 했다. 새벽의 장엄한 일출을 보고 박물관과 미술관을 보다가, 밤하늘에 반짝이는 보석 같은 별들을 보며 잠들고 싶어 했다. 마지막 날은 일터로 나가는 사람들의 얼굴을 보고, 오페라와 영화를 감상한다. 반짝이는 네온사인과 가게에 진열된 아름다운 상품들을 바라보다가 돌아온다. 눈을 감아야 할 마지막 순간에는 사흘 동안만이라도 볼 수 있게 해준 하나님께 감사의 기도를 드린다. 그리고는 영원한 암흑의 세계로 돌아가겠노라고 그 절절한 소망을 이야기했다.

이야기로만 듣던 밝은 세상을 향한 그의 기도는 얼마나 간절했을까. 늘 태양을 볼 수 있는 사람에게야 예삿일이겠지만, 헬렌 켈러에게는 끝내 이룰 수 없는 희망이었을 뿐이었다. 그래도 그녀는 절망하지 않았고, 오히려 많은 사람에게 희망과 영감을 주지 않았는가. "마음의 장애야말로 진짜 장애"라는 스티븐 호킹 박사의 말이 새삼 가슴에 와닿는다.

나는 내 의지대로 글을 쓸 수 있음에 눈물이 날 만큼 고마워해 본 적이 있었던가. 아름다운 꽃을 볼 수도 없고, 새소리조차 들을 수도 없음을 상상이나 해 본 적이 있었는가. 좋은 곳으로 여행하고, 맛있는 음식을 먹어볼 시간과 경제적 여유가 없다고 불평을 달고 사는 내가 아닌가. 편견과 가식으로 점철된 나의 삶이, '보편'이라는 그럴듯한 이름으로 포장되어 진짜 마음의 장애를 자각하지 못하고 있는 것은 아닐까. 그림에 대한 설명을 듣느라, 그녀의 뒤에서 휠체어를 잡고 서 있는 내가 오늘따라 더없이 부끄럽고 작아진다.

"어느 화창한 오후. 답답한 마음에 밖으로 나와서 휠체어에 앉아 멍하니 고개를 들어 맑은 하늘을 보았다. …… 진정으로 마음을 나눌 이가 없었고 …… 희망의 꽃을 심고 싶다."

 전시장 들머리에 걸린 작업 노트의 일부분이다. 그녀는 그림을 그린다. 그녀가 그리는 것은 단순한 그림이 아니라 소외된 이와 마음을 나누는 이야기이고, 절망에 빠진 사람들에게 전해주는 희망이다. 휠체어에 앉았지만, 한시도 웃음을 잃지 않는 그녀는 행복한 화가임을 자처한다.

 오늘 여기에 걸린 이 쑥부쟁이 그림 한 점은 풀꽃으로 인연을 이어가는 그녀와 나, 둘이서 나란히 같은 곳을 바라보게 하는 우정의 사슬이다. 또한, 볼 수 있고, 들을 수 있고, 걸을 수 있음에 감사하라고 전하는 말 없는 채찍이기도 하다. 그녀의 웃음소리가 이 전시장을 넘어, 온 누리에 울려 퍼지기를 소망해 본다. 그녀의 새하얀 블라우스가 더없이 잘 어울려 보이는 날이다.

참나무

참나무 이파리는 아직 낙엽이 되지 못했다. 단풍나무는 열정적인 빨간 이별을 했고, 생강나무는 노란 가랑잎이 되어 떠나갔다. 모두 떠나고 잠들어 버린 이 숲에서 참나무는 아직도 마른 잎을 떠나보내지 못하고 서걱거리며 떨고 있다.

참나무 단풍은 볼품없는 갈색이다. 자지러지는 탄성을 불러내지도 못하고, 우수수 화끈한 이별도 없다. 온 세상이 붉게 타오를 때 뒤에서 가만히 밑그림이 되어주고, 천지가 노랗게 일렁일 때 그림자가 되어 빙긋한 웃음으로 대신한다. 비단 치마를 두른 듯 색색으로 물든 숲이 빨갛게 잘나고, 노랗게 나서는 나무들로만 이루어진 것이 아니다. 있는 듯 없는 듯 제 일을 하면서 살아가는 묵묵한 나무들이 있기에, 건강하고 아름다운 숲이 있는 것이다. 참나무는 그런 나무다. 자신을 드러내지 않으면서도 제 본분을 지켜나가는 나무라서, 그 이름을 참나무라고 하는 것은 아닐까.

먹을 것이 궁했던 시절에 참나무 도토리는 대표적인 구황식물 중의 하나였다. '도토리는 들판을 보면서 열린다.'는 말이 있다. 들판에 흉년이 들면 그 해는 도토리를 많이 맺어 굶주림을 면하게 해준다는 데서 유래한 말이다. 숯 중에는 참숯이 제일이고, 가구를 만들 때도 참나무가 쓰인다. 그물을 염색할 때도 참나무, 버섯을 재배할 때도 참나무, 불쏘시개로도 참나무 검불이 쓰이니 사람과는 떼려야 뗄 수 없는 나무다. 자나 깨나 늘 함께하는 나무이고 보니, 고맙다는 의미로 나무 중의 진짜 나무라는 최고의 대우를 해 준 것으로 생각하면 지나친 비약일까.

참나무는 이름으로만 존재하는 나무다. 넓은 의미로는 참나무과 참나무속의 식물을 통틀어 말하는 이름이라고 할 수 있다. 조금 더 범위를 좁혀 보자면, '도토리가 한 깍지에 하나씩 달리는 나무' 정도로 생각해 볼 수 있다. 상수리나무는 임금님의 수라상까지 올랐다고 붙여진 이름이고, 졸참나무는 열매나 잎이 제일 작다고 부르는 이름이다. 떡을 찌거나 싸서 보관하면 잘 쉬지 않는 데서 유래한 떡갈나무, 신발 깔창을 대신했던 신갈나무는 사람의 쓰임새대로 붙여진 이름이다. 강원도 지역에서는 굴참나무의 두꺼운 껍질을 벗겨 지붕으로 사용한 것을 굴피집이라고 한다. 이 모든 나무가 참나무임에도 불구하고 '이것이 진짜 참나무다.'라고 불리는 나무가 없다는 것은 무척이나 의미심장한 일이다.

잎이 지는 나무들은 아침저녁으로 기온 차가 커지고, 일조량이 줄어

들면 겨울 준비를 시작한다. 효율적인 생존을 위하여 줄기와 이파리 사이를 오가는 영양분의 교통을 막아 버리는 것이다. 영양을 공급받지 못한 이파리는 엽록소가 파괴되면서 녹색이 없어지고 시들어간다. 울긋불긋한 단풍은 이파리 본연의 색이 드러나거나 화학반응으로 다양한 색깔이 나타나는 현상이다. 이때 대부분의 갈잎나무는 줄기와 잎자루 사이에 '떨켜'라고 하는 분리세포층을 만든다. 그래서 이런 나무들은 한꺼번에 와르르 이파리를 떨어뜨린다. 참나무는 이런 조직을 만들지 못한다. 그러기에 시나브로 말라비틀어지고 바람이 데려갈 때까지 속절없이 나무에 매달려 있는 것이다.

 참나무는 사람 곁에서 사람과 함께 살아온 나무다. 베이고 벗겨지고 타면서도 사람을 떠나지 않는 미련스러운 나무이기도 하다. 다른 나무처럼 화려한 꽃도 없고, 울긋불긋한 단풍도, 화끈한 이별도 못 하는 어찌 보면 약간 모자라 보이기조차 하다. 모든 일을 확실히 맺고, 끊어내지 못해 혼자 끙끙거리며 속앓이를 하는 나처럼 트릿하다면 적당한 비유가 될까. 각자 제 본이름이 있음에도 뭉뚱그린 이름이 이처럼 더 어울리는 나무가 있을까. 떡을 싸든, 발밑에 깔리든, 지붕에 얹히든, '애써 내세우지 않아도 아는 사람은 다 안다.'라는 세상의 진리를 몸으로 보여준다.

 옛말에 '현명한 사람은 약간 어수룩하게 보인다.'고 하지 않았던가. 우직해서 잘 드러나 보이지 않는 참나무가 오래된 숲을 지배하는 주류를 이룬다는 사실 또한 이와 다르지 않으리라. 가을 산의 단풍이 아름다운 것은 붉음 뒤에서 웃어주는 참나무의 갈색과 대비되어서이다. 겨울

소나무가 더 푸르게 보이는 것은 헐벗은 참나무가 곁에 있기 때문이 아닐까. 참나무에서 떨어진 도토리는 멧돼지가 먹으면 돼지 것이고, 다람쥐가 먹으면 다람쥐의 것이다. 사람이 스스로 도토리의 주인이라고 생각할 뿐, 참나무는 사람이나 짐승이나 차별하는 법이 없다.

　세상은 힘 있는 소수보다 말 없는 다수의 희생으로 유지된다. 참나무가 진짜 나무라고 불리는 것은 비범하지 않은, 평범한 나무여서이지 않을까 한다.

겨울나무

 겨울바람이 절로 옷깃을 여미게 한다. 무성했던 이파리들을 다 보내버린 옛 서원 앞의 은행나무를 우두커니 바라보고 있다. 듬직한 밑동과 우듬지가 예사롭지 않은 세월의 무게로 다가온다. 묵언 수행이라도 하는 것일까. 산 그림자 사이를 비집고 찾아온 햇볕 한 줄기를 안고, 겨울나무는 고요히 명상에 젖어 있다.
 애지중지하던 난초 화분이 번민의 뿌리였음을 깨닫고, 화분을 놓아버림으로써 집착에서 벗어났다던 법정 스님의 〈무소유〉가 생각난다. 어쩌면 눈앞의 고목도 등이 휘도록 매달고 있던 번뇌 주머니들을 내려놓은 홀가분함을 즐기고 있을지도 모르는 일이다. 먼지 쌓인 잡지 한 권도 쉬이 버리지 못하는 내가 내려놓은 자의 즐거움을 어찌 알까마는, 저 당당한 품새를 보아하니 과히 틀린 추측만도 아닌 듯하다. 가지려고 애쓰는 자의 모습은 늘 지치고 불안할진대, 저리도 의연하게 드러내

놓지는 못할 까닭이다.

　나무를 바라보다 다소 뜬금없는 생각을 해본다. 과연 어디까지가 무소유일까. 스님도 처음에 난 화분을 받았을 때는 즐거운 마음이었다. 좋은 마음으로 가꾸고 돌보며 기꺼워하지 않았던가. 다만 그것에 마음을 빼앗기는 순간부터 번뇌가 시작되었다. 이 고목에도 번민의 시기가 있었다면 지난가을이 아니었을까. 나무가 살아 있는 한 이파리는 당연히 필요한 것이다. 그들이 만드는 영양소로 생명을 유지하고 씨앗을 맺을 수 있기 때문이다. 이별은 언제나 가슴 아프다. 보내야 하는 시기에 조금 더 붙잡고 싶다는 연민이 고뇌의 시작이었으리라고 상상해 본다. 소유와 무소유. 그것은 가진 이의 마음에 따라 즐거운 소유가 되고, 버려야 할 집착이 되기도 하는 것이 아닐까 한다.

　다 놓아버린 뒤의 모습은 어떤 모습일까. 스님은 입적하면서 자기가 세상에 왔다 간 흔적마저도 지우고 싶어 했다. 왜 그랬을까. 살아 있는 동안에는 여느 수행자보다도 더 세속에 발을 담그고 살았으면서 말이다. 범부에 불과한 이가 그 깊은 뜻을 어찌 다 헤아리랴만, 늙은 은행나무가 명상에 든 모습을 보면서 조금이나마 미루어 본다. 그것은 '끊임없이 이어지는 영속의 사슬' 때문이 아닐까. 현재는 과거와 미래를 연결하는 시간이라는 고리의 그물코와 같은 것이다. 스님은 당신의 몫으로 주어진 '때'가 끝났다고 여겼으니, 자취가 이어지는 것 또한 부질없다고 여겼으리라. 생명을 가진 것은 언젠가는 죽게 된다. 하물며 수도자로서 자기 몫을 다한 후의 군더더기에까지 미련을 둘 이유가 무엇이었겠는가.

아무리 커다란 그물도 작은 구멍 하나가 뚫리면 애써 잡은 고기들이 달아나 버리고 만다. 그것을 잘 아는 어부들은 언제나 그물을 꿰고 손질한다. 터져버린 그물코 하나로 인해 어장 전체를 망치게 되기에, 고기 잡는 시간보다도 더 많은 시간을 할애하면서 살펴보고 확인한다. 과거와 현재는 면면부절 그물처럼 연결되어 있다. '하늘의 그물은 엉성한 듯하지만 무엇 하나 허투루 놓치는 법이 없다.'고 했다. 제 도리를 다하지 않으면 상응하는 대가를 반드시 받는다는 말이다. 그 천지자연의 이치 속에서 아주 작은 매듭 하나가 나이고, 눈앞의 은행나무다. 현재를 살아가는 나의 역할은 거대한 그물의 앞뒤가 끊이지 않도록 이어주는 것이다. 자칫 삿된 욕망으로 그물이 끊어지기라도 한다면 내 분량의 그물코는 흐트러지고 마는 것이다. 그에 상응한 대가는 반드시 찾아오는 것이기에 늘 살피고 손질해야 하는 것 아니겠는가.

해가 서쪽으로 기울어 가니 으슬으슬 한기가 몰려온다. 목도리를 조이고 모자를 더 깊이 눌러 쓴다. 다시 일상으로 발을 들여놓아야 할 시간이다. 사람과 사람의 관계에 관여해야 하고 내게 주어진 책임을 다해야 한다. 친구와 가족, 이웃들 사이에서 내가 해야 할 일이 무엇이었던가. 혹여 관계를 빌미로 그들의 영역에 간섭하거나 지배하려 했던 것은 아니었나. 인간사의 갈등은 남을 인정하지 않는 데서 비롯된다. 노파심과 불안함으로 자식에게, 주변 사람들에게 내 의지를 강요하지는 않았던가를 새삼 되돌려 묻게 된다. 그들에게는 그들만의 그물코가 있음일진대.

한살이가 나무보다도 턱없이 짧은 인간도 무수한 상념이 오가는데,

천 년을 살아가는 저 나무는 얼마나 많은 세월을 참구해 왔겠는가. 해마다 버리고 비워내어야 늘 본래의 모습으로 돌아온다는 세상의 진리를 누구보다 잘 깨닫고 있을 것이다. 나신을 드러낸 이 모습도 어쩌면 봄, 여름을 거치며 달아올랐던 소유의 열망을 겨울바람으로 식히고 있는 것은 아닐까. 잠깐 흐트러졌던 자신의 그물코를 한 땀 한 땀, 지난날을 반추하며 다잡고 있을지도 모르는 일이다.

호사가들은 '가을에 낙엽이 지는 것은 새로운 시작을 위해서'라고 쉬이 말들을 한다. 그럴까. 겨울나무의 묵상이 완전히 버리고 전혀 다른 잎을 내는 새로운 시작을 의미하는 것일까. 아니면 손마디 끝에서 자라는 손톱처럼, 언제나 제 살을 깎고 다듬는 참회의 시간일지는 저 나무만이 알 일이다. '바가지는 비어 있어야 물을 담을 수 있고, 빈 수레여야만 짐을 실을 수 있다.'는 옛사람의 말씀 한 자락이 귓전을 스친다. 바가지의 본래 목적은 담는 것이고, 수레의 역할은 짐을 나르는 것이다. 애초에 담지 않는 것이 아니고 채운 것을 비워야 다시 퍼 옮길 수 있고, 수레는 짐을 나를 수 있는 것이 아니겠는가.

무소유란 아무것도 가지지 않는 것이 아니라, 때에 맞춰 덜어낼 줄 아는 지혜를 두고 이르는 말이 아닐까. 쓸데없는 사진 하나라도 버리면 다시 찾지 못할까 두려워서 잔뜩 싸안고 있는 내가 무소유를 입에 올리다니, 가당키나 할 말인가.

내 마음의 동백

입춘이다. 입춘이라고 해서 눈에 띄게 달라지는 것도 없는데, 괜스레 마음이 설렌다. 지난겨울이 유난히도 추웠기 때문일 것이다. 온난화로 북극 상공의 기류가 정상적인 흐름을 벗어나 우리나라에까지 영향을 미친 탓이라고 한다. 한파와 폭설이 몇 차례나 있었고, 겨울비도 장마철의 장대비처럼 내렸으니, 이상기후라고 해도 지나친 말은 아닌 듯하다.

그러거나 말거나 입춘이다. 계절은 어김없이 순환하고, 시간은 저 먼 발치에 봄을 데려다 놓았다. 봄, 봄만 되면 가슴이 콩닥거린다. 봄바람은 아가씨들만 나는 것이 아닌가 보다. 나잇살이나 먹은 사람이 봄바람을 주체하지 못해 안절부절못하니 우습기도 하거니와, 민망하기조차 하다. 그래도 어쩌겠는가. 민망은 민망이고, 이제부터 펼쳐질 봄꽃들의 향연에 가슴이 설레는 것은 막을 도리가 없다. 이월에 들어서기도 전부터 바지런한 납매가 피었다는 소식이 들리더니, 며칠 전부터는 풍년화가 피었다고 꽃 동무들이 설레발이다. 풍년화가 일찍 피면 풍년이 든다고 했는데, 올해는 꽃이든 농사든 풍요로운 한 해가 되려나 보다. 지금쯤이면 바닷가의 동백나무도 새빨간 입술로 동박새를 유혹하느라 여념이 없을 것이다.

　내가 중학교 때까지 살았던 오두막집은 동백(?)나무가 담장을 대신했다. 그래서 우리 집을 동백나무집이라고 부르기도 했다. 동백나무를 입버릇처럼 달고 살았으니 살가운 감정이 생기는 것은 어쩌면 당연한 일일지도 모른다. 중년이 되도록 동백나무는 내 마음의 나무였고 고향이었다. 봄이면 연둣빛으로 돋아나는 보드라운 잎을 돌돌 말아서 호드기를 불었다. 장마가 끝날 즈음에는 내가 미처 알아채지도 못하는 사이에 꽃을 피우고 열매를 맺는다. 보석처럼 빨갛게 빛나는 열매를 찾아온 새들이 수시로 지저귀던 정겨운 집이었고 나무였다.

　삶은 우연한 일로 인해 의도하지 않은 방향으로 흘러가기도 한다. 어느 날, 철석같이 믿었던 동백나무가 사철나무였다는 사실을 알아버리고 말았다. 유년의 추억과 향수가 한꺼번에 부정당해 버리는 허무의 끝에는, 무지했던 자신에 대한 실망이 더 큰 상처로 남았다. 온 세상 사람들이 동백꽃이 붉게 핀다고들 할 때, 나는 내 마음의 동백나무가 붉은 꽃을 피웠는지를 한 번도 생각해 보지 않았다. 온 세상 사람들이 열매로 동백기름을 만든다 할 때, 나는 내 마음의 동백 열매로 어떻게 기름을 만드는지 상상조차 해보지 않았다. 그 공허한 심정을 달래기 위해서 가지게 된 식물에 대한 관심이 이제는 버릴 수 없는 취미로 변했으니, 세상살이가 참 묘하다는 생각이 든다.

불가에서는 인연생기라 하여 '현상계의 존재와 형태는 시간과 공간을 초월하여 반드시 그렇게 될 직접, 간접적인 원인에 의하여 생겨난다고 한다.' 우연한 결과물인 것처럼 보이는 오늘 나의 현실도, 작고 볼품없는 오두막집 울타리에 대한 오해에서 비롯된 것이다. 하니, 무엇 하나 허투루 할 것이 아니라는 경건한 마음이 생기기까지 한다. 식물을 보고 탐구하는 재미가 살을 더하여 사진이 되고, 글을 쓰는 실마리까지 된 것도 결과적으로 오해라는 원인에 의한 일이다. 아무것도 아닌 우연한 사건이 중첩되어 필연이 되는 것처럼, 오늘 내가 하는 무심한 행동이 내 앞날의 거울이라고 생각하니 세상살이가 참 어렵다는 생각이 절로 든다.

봄이 멀지 않았으니 갯버들은 벌써 물이 올랐을 것이다. 동백이라는 다른 이름을 가진 노란 꽃의 생강나무, 자잘한 사스레피나무도 머잖아 기지개를 켜고 겨울잠에서 깨어날 것이다. 비록 내 마음속의 동백나무가 실제와는 다른 이름의 동백나무이었을지언정 나는 동백이라는 그 낱말이 아직도 그립다. 오해에서 비롯되었건 진심이었건 간에, 동백은 언제나 내 마음을 설레게 한다. 원형만을 고집하고, 하나만을 바라보고 살기에는 내 마음이 너무 멀리 와 버린 모양이다. 비록 약간의 가식과 위선이 포개진 삶일지라도 모른 척 눈감고 즐기는 것에 익숙해져 버린 탓일 것이다.

꼭, 내 오두막집의 향수를 가진 동백이 아니어도, 그저 동백이라는 이름의 그리움이 좋다. 봄 바람난 중년의 마음을 헤집는 이름, 동백이 핀다. 가슴이 뛴다.

3부
미안하다 보춘화야

낙동강의 할미꽃
봄까치꽃
처녀치마
북향화
버들강아지
산자고
꽃다지
미안하다 보춘화야
느티나무
제비꽃
찔레꽃
민들레
천지

낙동강의 할미꽃

봄이 왔다. 나풀나풀 노랑나비의 날갯짓이 가볍다. 제비꽃이 담장 아래서 수줍게 웃는 봄이고, 대바구니 가득 냉이가 담기는 봄이다. 강 건너에서는 능수버들이 연둣빛 댕기를 드리우고 간들간들 가녀린 허리를 비비 꼰다. 살 깊은 강 흙에서 돋아난 풀들은 따사로운 햇살에 꿈을 키우고, 까치는 나뭇가지를 물어 나르느라 분주하다. 뭇 생명이 모진 겨울을 이겨내고 마음껏 희망을 키우는 봄이 왔다.

강둑길을 따라 육중한 트럭들이 내달리는 소리가 요란하다. 개미떼처럼 꼬리를 이어 물고 차단막으로 사방을 가린 철 구조물 속으로 들락거린다. 이 공사장 주변은 소수의 허가받은 사람만이 특권층이라도 되는 양 거들먹거릴 뿐, 잡인(?)은 얼씬 조차할 수 없는 곳이다. 도대체 무슨 일이 벌어지고 있는 것일까. 궁금한 마음에 슬며시 기웃거려 볼 요량이면 뭇매라도 가할 듯이 험악하게 노려본다. 빈틈이라고는 찾아볼 수가 없어 도무지 그 속을 알 수가 없다. 다만 하늘로 한없이 높이 솟은 크레인의 탑들만이 거대한 공사의 현장임을 짐작하게 해줄 뿐이다.

그럴싸하게 그려진 홍보관의 조감도를 보고 있다. 괴물처럼 강을 가로막은 이 철의 장막이 걷히고, 트럭의 엔진이 멈추면 나타날 환상의 세계가 세세하게 펼쳐져 있다. 정원처럼 파릇하게 잘 가꿔진 잔디밭 위에서 오순도순 나들이를 즐기는 가족들이 행복해 보인다. 강을 따라 구불구불 나 있는 오솔길을 걷는 연인도 마냥 화사한 웃음을 머금고 있다. 잔잔한 수면에서 오리 배를 저어가는 나들이 꾼의 함박웃음이 현실인 듯 생생하다. 만개한 벚꽃과 버드나무의 푸른 잎을 함께 그린 계절의 엇갈린 오류 정도는 차라리 애교스럽기조차 하다. 공사 덕분에 펼쳐질 파라다이스에 몰입되어 사람들의 발길은 그림 앞에서 떠날 줄 모른다. 바로 길 하나 건너에 강을 걱정하는 사람들의 한숨 젖은 현수막은 너덜너덜 글씨조차 흐릿하다.

지금 낙동강은 둑막이 공사가 한창이다. 강을 살리기 위해서라는 그럴듯한 명분을 가진 둑이 완성되기만 하면 만사형통이다. 소수력발전으로 전기를 생산하는 것은 물론, 물을 가두어서 물 부족 국가의 미래를 보장한다. 다기능 보의 효능으로 수질에는 당연히 영향이 없을뿐더러, 이백 년 만에 한 번이나 올까 말까 한 큰 홍수도 이제는 걱정할 필요가 전혀 없다. 물고기들은 계단식 어도를 통해서 마음대로 오가고, 어디에서건 강물이 오염되면 로봇 물고기가 가차 없이 찾아낸다. 흠잡을 곳이라고는 찾아볼 수 없는 무결한 사업이고 미래 보장책이다.

둑길을 면한 산모퉁이에는 나지막한 봉분이 엎드려 있다. 도도히 흐르는 강을 내려다보며 종일 햇빛 바라기를 하는 양지바른 곳이다. 누가 보아도 제일 먼저 봄 냄새가 피어오를 것 같은 무덤가에는 지금 할미꽃이 한창이다. 바로 하고 쳐다보기도 부끄럽다는 듯 고개 떨군 자주색 꽃송이가 파르르 봄바람에 흔들린다. 반가운 마음에 눈을 낮추어 보니 온갖 봄풀들이 지천으로 돋아나 있다. 여린 잎의 산자고는 벌써 열매를 달았고, 저만치에서는 애기자운이 연분홍 연지 화장을 하느라 넋을 놓고 있다. 제 미래를 아는지 모르는지 자그마한 무덤가는 풀꽃들의 웃음으로 활기가 넘쳐난다.

비석조차 없는 무덤 한쪽에 하얀 팻말이 궁색하게 서 있다. 조금 뒤로는 솜방망이 꽃보다 더 노란 천을 매단 깃대가 꽂혀 있다. 그 여남은 걸음 너머에는 생떼라도 부리는 듯 새빨간 깃발이 강바람에 당당히 나부끼고 있다. "강을 살리는 사업 관계로 훼손이 불가피하니 연고자는 신고하라."라는 팻말과 그 경계를 나타내는 표시들이다. 공사가 끝날 즈음이면 무덤은 파헤쳐질 것이고, 풀꽃들은 터전에서 내쫓길 수밖에 없는 운명이다.

머리가 하얗게 세어버린 할미꽃 하나가 하염없이 깃발을 치어다보고 있다. 불투명한 미래에 대한 불안한 마음에서 하소연도 해 보았다. 걱정스러운 심정에 제대로 된 환경영향평가라도 해달라고 밤을 새웠다. 닿을 수도 없는 먼 서울 하늘을 향해 삿대질을 하고, 시시각각 다가오는 절망에 맞서 달걀도 던져 보았다. 그 모든 발버둥 끝에 돌아오는 대답은 언제나 시도 때도 없이 바뀌는 담당자의 모르쇠잡이였다. 허망한 현실 앞에서, 태고로부터 흘러내려 온 강조차도 이제는 지쳐서 드러누워 버렸다. 무덤가의 할미꽃은 미어지는 가슴을 속으로 삭이며, 가소로운 듯 내려다보면서 휘날리는 깃발을 망연히 바라볼 수밖에 없는 신세다.

세상 돌아가는 것이야 어찌 되었든 꿀벌은 노란 꽃가루를 허벅지에 가득 매달고 바쁘기만 하다. 남의 속도 모르고 중매쟁이 노릇에 신이 난 모양이다. 아니, 아닐 것이다. 지친 몸을 이끌고 더욱 수선스럽게 움직이는 것은 강의 마지막 모습을 일일이 새겨주기 위해서일 것이다. 낙동강 무덤가의 할미꽃으로는 오늘이 마지막 봄날일지언정, 자연의 섭리가 끝나는 것은 아니다. 머지않은 날에 할미꽃은 꿀벌이 맺어준 씨앗을 안고 훨훨 떠나갈 것이다. 비록 고향에서 쫓겨난 이재민의 후손일지라도, 저항하고 울부짖었던 어미의 멍울을 언제나 가슴에 간직하고 살아갈 것이다. 어디에서건 다시 태어나 유전자에 각인된 낙동강의 오늘을 분명히 기억할 것이다.

저 거창한 조감도에 그려진 이상향 이전에도 낙원은 있었다. 새하얗게 반짝이는 모래 둔덕과 빨간 모자를 쓰고 졸음을 쏟아내던 두루미의 놀이터가 있었다. 강에 기대어 고기를 잡고, 농사를 일구던 사람들의 소중한 삶터이기도 했다. 낙동강의 할미꽃은 한가로운 흰 구름이 헤엄치며 놀던 이곳이 자신의 영원한 고향임을 잊지 않을 것이다. 말라 비틀어져 가며 토했던 풀꽃의 하소연을 중장비로 말끔히 짓밟아버린 위대한 지도자의 그 이름 하나하나로 뿌리 깊이 기억할 것이다.

당신들이 이 철의 장막 안에서 이루려고 하는 이상향은 누구를 위한 천국인가.

봄까치꽃

　봄까치꽃을 만났습니다. 논두렁 아래에 옹기종기 모여서 볕 바라기를 하며 이야기꽃을 피우고 있습니다. 가만히 쪼그리고 앉아 소곤대는 봄까치꽃들의 이야기를 엿들어 봅니다. 누구네 꽃에는 개미가 다녀가서 가루받이를 해주었다느니, 누구는 오매불망 꽃등에만을 기다린다느니, 조곤조곤한 목소리들이 바람에 실려 옵니다.
　알록달록 파란 바탕에 하얀 줄무늬 원피스를 입은 모양새가 참 맵시 있습니다. 사실 봄까치꽃은 큰개불알풀의 다른 이름입니다. 그냥 부르기 좋게 지어 부르는 별명 같은 것이라고나 할까요. 큰개불알풀은 열매 모양이 개의 거시기와 비슷하다고 붙여진 이름이라고 합니다. 나는 본명을 부를 때마다 생기는 거북함이 마음에 걸려서, 웬만하면 봄까치꽃이라고 불러줍니다. 흰 줄무늬가 까치처럼 정겹다고 생각하면서 말입니다.

가만히 꽃들의 이야기를 듣고 있노라니 꾸벅꾸벅 졸음이 옵니다. 볕이 바른 논두렁 아래는 참 따뜻합니다. 칼바람 속에 설핏설핏 봄기운이 묻어오는 이맘때면, 누나와 그 친구들은 쑥 바구니를 들고 언덕 아래로 모였습니다. 굽은 손을 호호 불어가며 눈에 보이지도 않는 쑥을 잘도 찾아내어 쓱싹 잘라 담았습니다. 냉이도 있고, 가끔은 산달래도 있습니다. 쫄랑쫄랑, 대소쿠리를 든 나는 누나의 치맛자락을 잡고 있습니다. 좁다란 논두렁길을 줄지어 걸으며 깔깔거리는 해말간 웃음소리에 화들짝 잠이 깹니다.

 구름이 해를 가립니다. 파르르 봄까치꽃들이 몸서리를 칩니다. 아무런 생명도 없을 것 같은 휑한 들판이지만, 논두렁 아래에는 제법 많은 풀꽃이 살아가고 있습니다. 볼이 빨갛게 언 봄맞이도, 털이 뽀송뽀송한 꽃다지도, 돌 틈에서 초승달 같은 꿈을 키우고 있습니다. 서서는 보이지 않지만, 앉아 보면 어려운 현실을 견디며 억척같이 살아가는 이웃들이 넘쳐나는 세상입니다. 오늘은 금요일, 말을 못해서 손짓 발짓으로 폐지를 거둬 가는 이웃 아저씨가 오는 날입니다. 언 몸을 녹이며, 잠깐이나마 쉬어갈 수 있게 따뜻한 물 한잔이라도 준비해 두어야 하겠습니다.

처녀치마

처녀치마의 치마 속을 훔쳐보러 간다. 이런 나의 엉큼한 내심을 아는지 모르는지 아내는 옷이며 장갑을 챙겨서 배웅까지 해준다. 중년을 훌쩍 넘긴 사람이 채신머리없이 치마 속에 관심이 많다고 눈을 흘겨도 할 말은 없지만, 그래도 어쩌란 말인가, 보고 싶은 것을.

얼굴에 부딪히는 매몰찬 바람에, 갓 물이 오르는 처녀의 보드레한 속살이 얼어버리지나 않았을지 가는 내내 걱정이다. 처녀치마는 다른 풀꽃들이 잠에서 깨어나지도 못하는 이른 봄, 남몰래 수줍은 꽃을 피운다. 긴 치맛단을 가지런히 앞으로 모으고, 새하얀 나삼 저고리를 걸친 매무새는 정결하기 그지없다. 비단 같은 머릿결은 한쪽으로 가지런히 돌려놓고, 살짝 연보랏빛 볼연지를 찍었다. 그 새초롬하고도 애련한 모습을 본다면 누구라도 그냥 지나칠 수는 없을 것이다. 채 녹지도 않은 눈 속에서 부끄러워 고개조차 들지 못하는 애틋한 자태는 뭇 남정

네들의 보호본능을 끌어내기에 조금도 모자람이 없다.

지금도 그렇지만, 어릴 때의 나도 부끄럼이 많은 아이였다. 낯선 손님이라도 찾아오면 어머니의 치마폭 뒤에 숨어서 고개만 빼꼼히 내밀고는 했었다. 장터나 나들이를 갈 때도 언제나 어머니의 치맛자락을 잡고 졸졸 따라다녔다. 어쩌다가 무서운 사람이라도 만나면 널찍한 치맛단 속으로 숨어들어 어머니를 당황스럽게 했던 적도 있었다.

처녀치마는 계절이 바뀌어도 변함이 없다. 꽃을 피울 때의 모습 그대로 변함없이 늙어가고 열매를 맺는다. 색깔이 점점 바래져 가는 꽃잎에서, 한 올의 흐트러짐도 허락하지 않고 꼿꼿이 익어가는 몸가짐에서 나는 어머니를 본다. 주름이 가득하고 거동까지 불편한 지금도 한결같이 "차 조심해라", "밥 챙겨 먹어라", 마치 물가에 내놓은 아이처럼 걱정이다. 어쩌면 나는 처녀치마의 치마 속을 줌렌즈로 샅샅이 헤집어 보면서, 그 싫지 않은 잔소리를 찾고 있지나 않을까. 아직도 어머니의 치마폭을 벗어나지 못했다고 놀림을 받을지언정, 좋은 걸 어떡해, 그리운 걸 어떡해.

북향화

오늘따라 봄을 시샘하는 바람이 더욱 매섭다. 아무리 예전 같지는 않다지만 겨울의 끝자락에 닥치는 꽃샘추위는 다 온 것 같았던 봄을 저만큼 쫓아 놓는다. 옷깃을 거머쥐고 종종걸음을 놓다가 아파트 화단에서 해바라기를 하고 있는 백목련을 만났다. 터질 듯 부풀었다가 화들짝 놀라 다시 동여맨 털옷이 엉거주춤 더욱 무거워 보인다.

오래전에 근무했던 회사는 어느 할머니의 집과 이웃하고 있었다. 그 집 담장 앞에는 할머니와 세월을 같이한 커다란 백목련 나무 한 그루가 서 있었다. 남향받이라 겨울이면 햇볕이 바르게 들어 이웃들과 옹기종기 볕 바라기를 하는 곳이기도 했다. 미끈하게 자란 모양새가 멋스럽기도 했지만, 꽃이 필 무렵에는 담장 너머의 우리 공장까지 환해질 정도로 꽃송이가 많이도 달렸다. 나무는 할머니가 갓 시집와 새집을 지어 분가하면서 심었다고 하는데, 할아버지는 한국 전쟁 때 몸이

상해 일찍 돌아가셨다고 했다. 혼자 몸으로 유복자 외아들을 키우면서 지켜온 나무라 그런지 유달리 애착이 많았다.

　백목련이 집안 가득 수백 개의 꽃등을 밝히는 날이면 할머니는 나무 아래를 이리저리 오가며 서성이고는 했다. 내가 꽃 사진을 찍는다는 것을 알고는, 여러 가지 집안 내력이며, 화단에 심어진 작은 나무들의 사연을 들려주기도 했다. 할아버지 이야기, 홀로 키운 자식에 대한 서운한 속내를 가끔 보이면서 눈가를 훔치는 마음 여린 할머니였다. 신혼에 전장으로 떠난 남편 대신 집안의 여러 곳에다 애정을 쏟은 듯, 옛 물건들은 물론이고 작은 풀꽃 하나라도 소홀함이 없이 대했다. 짓궂은 봄비에 목련 꽃잎이 온 마당에 하얗게 드러누운 날이면, 할머니는 내내 마루 끝에 앉아 떠날 줄을 몰랐다.

　촌놈인 내가 신혼살림을 차린 곳은 인천 동암역 부근의 반지하 단칸방이었다. 종이 구기듯 욱여넣는 전철을 타고 가리봉까지 오가는 출퇴근길도 마냥 행복하기만 한 시절이었다. 추운 줄도 모르고 꿈결같이 흘렀던 첫 겨울이 가고 봄이 왔다. 대문 옆의 커다란 나무에서 솜뭉치 같은 꽃이 피고 졌다. 그 열매가 통통하게 살이 오를 무렵 장마가 시작되었다. 종일 내린 비로 오밤중에 지하로 물이 넘쳐 들더니, 급기야 부엌의 세간들이 배처럼 둥둥 떠다니는 황망한 사태가 벌어졌다. 밤새 물을 퍼내느라 계단을 들락거린 것이 몇 번인지 기억조차 나지 않는다. 물이 밤에만 넘치는 것도 아니니, 낮에 혼자 남은 아내는 부른 배를 안고 또 얼마나 오르내렸을까. 장마철 내내 퍼 올린 물을 고스란히 다 뒤집어썼던 나무가 목련이었다.

남쪽 끝에서 북쪽 끝으로 올라가 시작했던 신접살이는 두어 해를 넘기지 못하고 다시 내려오는 것으로 막을 내렸다. 지금도 목련을 보면 그 당황스러웠던 기억이 문득문득 떠오르고는 한다. 목련의 다른 이름은 '북향화'다. 특이하게도 꽃봉오리가 북쪽으로 향해 약간 기울어져 있는 데서 붙여진 이름이다. 굳이 이유를 들자면 꽃망울이 부풀어 오를 때, 햇볕을 많이 받는 쪽의 꽃잎이 먼저 성장한다. 당연히 덜 자란 쪽으로 휘어지게 되는데, 꽃봉오리가 크다 보니 다른 나무보다 그 차이가 확연히 드러나 보이는 것일 뿐이다. 목련의 꽃봉오리가 북쪽을 향하는 이유야 어쨌거나, 북향화라는 이름은 왠지 모르게 내게는 애잔하게 다가온다. 딱히 꼬집어서 '이것 때문이다.'라고 말할 수는 없겠지만, 북쪽이라는 방향이 주는 그 아린 추억 때문이 아닐까 한다.

목련을 보면 초등학교 시절 도시에서 갓 부임해와 담임을 맡은 여선생님의 모습이 떠오른다. 고고하고 도도해서 얼뜨기 코흘리개가 좋아하고 다가오는 것을 좀처럼 허락하지 않았다. 아니나 다를까, 목련 나무는 고상한 외양만큼이나 외로운 삶을 살아간다. 홀로 살아가는 것을 즐기는 탓이다. 설령 형제간이라도 마찬가지로 가까이하려 하지 않는다. 무리를 이루기보다는 독립적인 구역을 가지고 간섭받지 않고 살기를 원한다. 여럿이 모이면 말들이 많아지는 세속의 타성을 알기에, 물들지 않는 자기만의 세상을 만들어 가려는 것은 아닐까.

봄 햇살이 아무리 모든 것에 골고루 비춘다지만, 그 속에는 반드시 그림자가 있기 마련이다. 한 개의 꽃봉오리 안에서도 남쪽과 북쪽이 다른데, 어찌 세상이 모두 똑같을 수 있겠는가. 꽃송이 하나하나에 담긴 사연도, 나무가 홀로 살고자 하는 것도 나름의 이유가 있을 것이다. 옳음과 그름, 기쁨과 슬픔, 빛과 그림자마저도 한 그릇에 오롯이 녹여내어야 하는 것이 현생을 살아가는 사람들의 숙명이 아니겠는가.

봉오리가 남향이건 북향이건 꽃잎이 열리면 다 같이 목련 꽃 한 송이라고 불릴 뿐이다.

버들강아지

이월의 마지막 날이다. 지난밤 내내 단비가 내리더니 졸졸졸, 얼음이 풀린 개울의 물소리가 정겹다. 벌써 따스한 기운이라도 감지했음인가, 볕 바른 곳에는 광대나물이며 봄맞이가 때 이른 꽃을 내밀고 있다. 살랑거리며 달려오는 한줄기 봄바람에 버들강아지도 신이 난 모양이다. 제법 불어난 냇물의 여울진 장단에 토닥토닥 쉼 없이 가지를 흔들어 댄다. 단단했던 겨울 껍질을 던져버리고, 어느새 뽀송뽀송한 털옷으로 갈아입었다. 햇살에 반짝이는 개지의 은빛 춤사위가 온 개울에 넘쳐나는 날이다.

남실대는 버들강아지 옆에는 널찍한 돌로 만든 빨래터가 있었다. 동네 아낙들이 삶은 빨래를 대야에 담아 와서는, 때를 뺀다는 핑계로 빨랫감을 흠씬 두들기던 곳이다. 고단한 삶에 맺힌 멍울을 이리저리 뒤집어가며 방망이로 때리고 주물러 그곳에다 내려놓았으리라. 미꾸라지를 잡느라고 들쑤시다가 빨래터를 온통 흙탕물로 만들어 혼이 났던 곳이고, 고인 물에 커다란 돌을 던져 친구에게 물벼락을 안겼던 곳이기도 하다. 갓 물이 오르는 줄기의 껍질을 비틀어 만든 호드기로 단잠에 빠진 개구리들을 깨우던 소리가 아련히 귓가에 맴돈다. 모진 겨울을 어찌어찌 견뎌는 내었지만, 다가올 보릿고개에 한숨짓던 어머니. 그 거친 손등을 버들개지들이 잔잔하게 쓰다듬어 줄 때면, 봄은 쑥이며 냉이를 데려다 놓았다.

 버들강아지는 '버드나무의 꽃'을 이르는 말이지만, 고향에서는 갯버들의 또 다른 이름이기도 했다. 늘어진 가지가 개울물에 닿아 물방아를 찧어대는 모습이 꼬리를 살랑거리는 강아지를 떠올리게 한다. 나는 갯버들이라는 말보다 훨씬 정감이 있어, 부러 버들강아지라고 불러 준다. 갯버들은 산골짜기나 들판의 물가에서 자라는 버드나무라는 뜻이다. 겨울이 채 끝나기도 전에 땅속으로 전해지는 봄의 기미를 먼저 알아챈다. 아롱아롱, 아지랑이가 들녘에서 피어오르기 시작하면 잎보다 먼저 꽃을 피운다. 볍씨만 하던 꽃눈이 순식간에 손가락 두어 마디만큼이나 부풀어 오르면서 자줏빛과 노란색이 어우러진 꽃술이 터진다. 버들개지의 망울이 열리면 겨우내 굶주렸던 꿀벌들은 잔치를 벌인다.

 갯버들은 굳건하고 당당한 나무라기에는 약간 모자란 부분이 있다. 물가에서 뿌리를 드러내어 놓고 있는 모습을 보노라면, 오히려 비루해 보이기조차 하다. 줄기와 잎은 흙탕물로 더러워지기 일쑤고, 온갖 쓰레기를 뒤집어쓰는 것도 다반사다. 겉으로 보기에는 영 민망스러운 모양새지만, 외모와는 달리 더없이 고마운 나무이기도 하다. 큰물이 질 때는 둑이나 축대가 무너지지 않게 지켜주고, 오염된 물을 흡수해 정화해 주기도 한다. 여름에는 그늘을 지워 작은 물고기의 휴식처가 되어 줄 뿐만 아니라, 광주리나 키를 만드는 생활용품의 재료로도 쓰임새가 많다. 새잎이 돋을 때 냇가에 줄지어 펼쳐지는 연초록 풍경은 그야말로 빼놓을 수 없는 봄의 환상이기도 하다.

갯버들은 강인한 생명력을 가지고 있다. 마디 하나만 뚝, 잘라 물가에 꽂아 두면 금방 자리를 잡는다. 허리가 꺾이면 꺾이는 대로, 뿌리가 드러나면 드러나는 대로 제 삶을 살아간다. 크고 화려한 꽃을 피우는 대신 일찍 꽃을 내어 경쟁을 피해 가는 슬기로운 식물이기도 하다. 이익이 있으면 손해나는 때도 있는 것이 세상사의 이치 아니던가. 너무 서두르다 보니 시샘하는 추위에 꽃이 얼어버리는 경우도 드물지 않다. 남 먼저 꽃을 피우기 위하여 잎이 한창 무성할 때부터 다음 봄을 준비한다. 눈에 잘 뜨이지는 않았지만 벌써 꽃눈을 키우고, 털옷을 짜고, 딱딱한 껍질을 씌운다. 그런 바지런함이 있었기에 혹독한 겨울을 견뎌내고 이 봄에 한껏 부풀어 오를 수 있는 것 아니겠는가.

행복한 사람은 행복한 사람 나름의 내일이 있고, 어렵다고 생각하는 사람은 어려운 대로의 내일이 있다. 누구나 내가 처한 지금 상황이 가장 어렵고 힘든 현실이라고 생각한다. 당면한 오늘 손끝에 박힌 가시가 어떤 아픔보다도 크고 아린 것이다. 지나고 보면 작은 고비였고 별일 아닌듯하지만, 마주하는 그 순간은 무엇보다 고난스럽다고 생각하지 않았던가. 시간은 누구라고 피해 가는 법이 없다. 세상에서 가장 공평한 것이 시간이라고 했다. 오늘 내가 모자라고 힘들다고 해서 내일 피워 올릴 꽃눈을 만들지 않는다면, 다가올 봄날은 더욱 황폐해지고 말 것이다.

 그리움처럼 피어나는 버들강아지 옆에서 오늘과 내일, 절망과 희망에 대해 생각해 본다. 아무리 쥐어짜도 풀리지 않을 덧없는 글귀 하나를 거머쥐고 봄나들이를 한다.

산자고

뉘 무덤일까. 비석도 없고 상석도 없다. 양지바른 언덕, 마른 잔디 검불이 수북한 작은 무덤이다. 두 손을 포개고, 마음가짐을 가지런히 한다. 발아래를 살피고는 정중히 무릎을 꿇는다. 허리를 숙여 인사를 건넨다. 무덤과 나란히 드러누워 볕 바라기를 하던 산자고가 방긋한 얼굴로 손님을 맞아 준다.

산자고는 허약하다. 제대로 몸을 가누지 못하기에 온종일을 누워서 지낸다. 조용한 성격이라 남 앞에 나서기를 별로 좋아하지 않는다. 이렇게 봄볕이 좋은 날이면 덤불 속에서 바람을 즐기며 가냘픈 몸을 추스른다. 진달래가 흐드러지건, 개나리가 봄바람이 났건, 다 관심 밖의 일이다. 애써 청하지는 않지만, 그래도 찾아오는 길손을 야박하게 쫓아내지는 않는다. 자기에게 누울 자리를 내어준 무덤의 주인과는 늘 손님의 인사를 같이 받아들이는, 예의 바른 마음의 소유자이기도 하다.

봄, 햇살이 따사로운 날이다. 잠에서 갓 깨어난 꽃등에 한 마리가 산자고를 찾아왔다. 기운이 없어 누군가에게 기대어야만 하는 산자고를 끝까지 챙겨주는 의리 있는 친구다. 꿀벌도 찾아오고 가끔은 개미도 찾아온다. 티 한 점 없는 하얀 얼굴에 노란 꽃가루로 분을 바르고, 갈색 긴 댕기를 늘어뜨린 모습이 청초하다. 몸이 약하다고 마음마저 약하지 않다는 듯 야무진 매무새다. 작은 바람에도 감사한 마음을 담아 고개를 끄덕여 주고, 방문자에게는 꿀이든 꽃가루든 아낌없이 내어준다. 키가 작아 세상을 다 보고 살지는 못하지만, 삶을 달관한 것 같은 미소는 천 리를 다 아우르고도 넘칠 만큼 넉넉하다. 나약한 육신에 대한 원망의 마음도 없는 듯, 낯빛은 평화롭기 그지없다.

산자고를 만나려는 모든 이들은 고개를 숙여 눈 맞춤을 한다. 누워있을망정 누구 못지않게 온 힘을 다해 제 삶을 살아가는 이에게 보내는 존경의 표시이다. 이른 봄 배고픈 곤충을 위해 내 것을 내어놓는 이. 자신에게 자리를 내어준 고마운 은혜를 잊지 않은 이. 나약한 신세를 비관하지 않고 웃음을 잃지 않은 이. 오늘, 나 역시 환한 미소로 맞아주는 산자고에게 정중한 인사를 보낸다.

식물이면 어떠하고 사람이면 어떠하랴. 마음으로 세상을 사랑하고, 마음으로 남을 알아주는 산자고 같은 이. 그런 이와 눈길 한 번을 마주하기 위해서라면 나는 몇 번이고 스스럼없이 고개를 숙이리라.

꽃다지

 이름값이라는 말이 있다. 이름의 뜻처럼 되거나, 알려진 만큼 몫을 하다는 뜻으로 많이 사용된다. 사람도 이름이 가지는 의미나 무게처럼 되는 경우가 많다. 자신의 이름을 걸고 하는 가게, 이름을 내건 책 등 그 사람의 명예와 책임이다. 사물에 이름이 붙은 데에는 다 그만한 이유가 있다. 식물의 이름이라고 다르지 않다. 가지가 물고기 잡을 때 사용하는 작살처럼 세 갈래로 갈라졌다고 작살나무라 한다. 손가락 모양의 잎이 여덟 개라고 팔손이, 꽃이 병을 닮았다고 병꽃나무라고 부른다.
 꽃다지는 예쁜 이름만큼이나 생김새도 앙증맞다. 노랗고 작은 꽃들이 다닥다닥 붙어서 피는데 추위에 웅크린 강아지들이 옹기종기 모여 있는 듯 사랑스럽다. 잎에는 융단의 보풀처럼 뽀송뽀송한 털이 빼곡히 돋아 있다. 꽁꽁 얼어붙은 땅에서도 한 줌의 햇볕만 있으면 고개를 내밀어 꽃을 피우는 의지가 강한 풀꽃이기도 하다. 꽃다지의 다른 이름은 '코딱지나물'이다. 듣는 것만으로도 기분 좋은 상상을 하게 되는 꽃다지라는 이름과는 영 어울리지 않는 이름이다. 옛 문헌에는 '곳다대'라고 기록하고 있다고 한다. '코'의 옛말이 '고'라고 하고, '다대'는 여러 조각을 기운 옷이나 부스럼딱지의 뜻을 가졌다 하니, 코딱지나물이라는 것이 예부터 불린 이름이라고 유추해 볼 수 있겠다.

 꽃다지의 또 다른 의미는 오이, 가지, 토마토 따위의 열매채소에서 제일 먼저 맺힌 열매를 말한다. 이 또한 그럴듯하다. 설을 쇠고 난 즈음에 볕 바른 언덕 아래를 잘 살펴보면 땅에 납작 엎드린 꽃다지, 냉이 한 포기쯤은 있기 마련이다. 다른 식물들이 한창 겨울잠에 빠져 있을 때 제일 먼저 꽃을 피우니 처음 나온다는 의미도 포함하고 있지 않을까 한다.

 우리나라에서의 이름이 모양과 시기에서 유래한 이름이라면, 일본에서 부르는 이름은 가치를 강조한 이름이다. 꽃다지의 일본 이름은 '이누나즈나'이다. 우리말로는 '개냉이' 쯤 된다. 냉이가 우리의 식탁에 올라 봄의 입맛을 달래 주는 식물이라면, 꽃다지는 먹지 못하는 냉이라서 천대의 의미로 '개' 자가 붙었었을 것이다. 참된 것에 반하는 이름으로 개자를 붙이는 것은 우리나 일본이나 다를 바 없는 듯하다.

 만물이 본래 이름을 가지고 태어나는 것은 아니다. 다만, 사람의 편의에 의해 이것은 꽃다지, 저것은 바위라고 붙여진 허구일 뿐이다. 그런데 막상 그 이름이 붙여지고, 불리고 나면 이름이 바로 사물의 정체성이고 의미가 된다. 어떤 이름일지라도 쉬이 부르고 가벼이 해서는 안 되는 이유가 여기에 있지 않을까.

미안하다 보춘화야

개암나무 수꽃이 길게 늘어진다. 산중에도 봄이 왔음이다.
이즈음이 되면 어김없이 떠오르는 후회스러운 기억 하나가 있다. 서른 중반쯤이었지 싶다. 취미생활로 난초 가꾸기가 들불처럼 퍼져나가던 시절이었다. 그런 유행에 휩쓸려 나도 난 기르기에 도전해 보겠노라고 무작정 근처 야산으로 올랐다. 겨울 끝자락이라 파랗게 잎이 살아 있는 보춘화를 찾는 것은 그리 어려운 일도 아니었다. 눈에 보이는 족족, 싹쓸이하다시피 데려와서는 베란다에 늘어놓고 부산스럽게 화분을 만들었다. 집에서 식물이라고는 키워 본 적조차 없는 일자무식이 남에게 주워들은 얄팍한 귀동냥으로 겁도 없이 달려든 것이다. 이유야 어찌 되었건 집안이 넘쳐날 정도의 화분을 만들었다. 무슨 큰일이라도 해낸 사람처럼 우쭐해서는 이웃이며 친구들에게 자랑삼아 떠벌였다. 그것도 모자라 선심 쓰듯 선물로 안기기까지 했으니 지금 생각해도 얼굴이 화끈 달아오른다.

　꽃줄기가 올라와 있는 난초를 데려왔으니, 그해 봄에는 온 집안이 난향으로 가득했다. 몽글몽글 떠돌던 향기가 코끝을 간질일 때마다 제자리에 멈춰서는 그윽한 향에 취하고는 했다. 여태껏 이런 재미를 모르고 살았던 자신이 바보스러울 지경이었다. 어찌나 애정을 쏟았는지 시도 때도 없이 물을 주고 이파리를 쓰다듬었다. 순판에 보석처럼 박힌 붉은 점들을 찬미하면서, 내가 무슨 대단한 취미를 가진 사람이라도 되는 것처럼 착각하기도 했다. 꽃이 지고 나자 '꽃보다는 잎'이라고 얻어들은 어줍은 말을 위안 삼으며 정성을 들였다. 어느 날 뿌리 곁자리에서 새로운 꽃눈이 고개를 내밀고 나왔다. 그 모습은 또 얼마나 신기하고 대견스러웠던지.

　'무식하면 용감하다.'고 했던가. 지식도 없이 덤벼든 난초 가꾸기가 그리 만만했다면 오히려 이상할 일이다. 겉으로는 멀쩡해 보였지만 속으로는 이미 곪아가고 있었던 모양이다. 푸르게만 보였던 이파리가 겨울이 시작되면서 시나브로 말라비틀어지기 시작했다. 하나, 둘 화분이 줄어들더니 이듬해 봄을 맞을 즈음에는 두 개의 화분만이 겨우 명맥을 유지하고 있을 뿐이었다. 변덕이 죽 끓듯 하는 것이 사람 마음이라고, 간이고 쓸개고 다 빼 줄 것처럼 쏟았던 정성도 어느새 시들해져 버리고 말았다. 살아있으니 물을 주는 정도라고나 할까. 지나친 관심이 빚어낸 참사로, 일 년 만에 끝나버린 어처구니없는 유희였던 셈이다.

　참 우스운 일이다. 나머지도 시드는 것은 시간문제라고 팽개쳐 두었던 보춘화가 오히려 팔팔하게 살아서 식구를 늘여 가고 있었다. 제 어미 세대가 죽고 그 자리에서 자식이 대를 이어 촉을 올렸다. 해마다 꽃눈을 머금기는 하지만, 겨울에 얼어버리는지 다시는 꽃을 보지 못했다. 관심에서 멀어졌던 화분이 내 눈에 다시 뜨인 것은 몇십 년 만에 닥친 한파라고 떠들썩했던 어느 해 겨울이었다. 파랗게 살아있는 잎이 아니라 누렇게 죽은 모습이었다. 사실은 언제 죽었는지도 모른다. 왜였을까. 우연히 말라버린 화분을 발견한 순간 나도 모르게 후회라는 감정이 밀려왔다. 특별히 애정을 쏟지도, 살뜰히 보살피지도 않았으면서 죽어버린 난초를 보면서는 왜 그리 아릿했는지 모를 일이다. 칠팔 년을 같이하면서 같잖은 정이라도 들었던 것일까. 나 때문에 제 의지대로의 삶을 잃어버리고 갇혀서 살았다는 데 대한 미안함이 밀려온 까닭이리라.

  식물이 자연 상태에서 자란다고 해서 그 삶이 꼭 편안한 것만은 아니다. 사방 천지에 깔린 것이 산토끼나 고라니 같은 천적이고, 요즘은 환경조차도 급변하는 시대다. 오히려 사람 손에 보호를 받는 것이 수명만으로 본다면 더 오래 산다고 할 수도 있겠다. 그래도 사람은 식물이 아니고, 식물도 사람이 아니다. 당연히 그들의 의사나 생태를 모른다. 우리가 아는 것은 사람 기준으로 생각한 얄팍한 지식 몇 조각일 뿐이다. 식물이 생각하는지도, 말을 하는지도, 아픔을 느끼는 지, 슬픔에 애달파하는지도 우리는 모른다. 그저 추측으로 이러쿵저러쿵 지레짐작하는 것이다. 식물들은 거친 야생에서 서로 경쟁하며 수만 년을 살아왔다. 그들의 유전자는 거기에 적응하도록 진화된 것이다. 따뜻하고 아늑한 온실이 좋은지, 바람 살벌한 산속에서 제 태어난 대로 살아갈지를 물어보면 그들은 과연 무어라 대답할까.

'가까이하려면 오히려 적당한 간격이 필요하다.'고 했다. 오랫동안 변함없이 보고 싶다면 한 걸음 떨어져서 지켜볼 일이다. '내가 가지지 않아도 누군가는 가져간다.'는 생각으로 자생하는 식물들을 개인 소유로 만든다. 두고 보면 여럿이 즐길 수 있을 것인데, 제 화분에 담아 자기만 즐기겠다는 이기적일 수도 있는 생각이다. 사람이라고 다르고 식물이라고 다를까. 각자의 가치대로 살아가는 것이기에 그 개개의 삶이 존중받아야 마땅하지 않은가. 사람의 잣대로 식물을 평가하는 것이 꼭 옳다고만은 할 수 없을 것이다. 온 산의 보춘화를 쓸어 담아 온 내가 할 말은 아닌 것 같아서 왠지 머쓱하다.

그 일이 있은 뒤로 웬만하면 야생식물을 집으로 들여오지 않는다. 물론 화원에서 파는 것이야 아내가 더러 사다 놓기도 하지만, 나는 그조차도 하지 않으려 한다. 눈으로, 마음으로만 풀꽃을 대하기로 생각한 까닭이다. 눈으로 마주하고, 마음으로 느끼고, 카메라에 담아 와서는 컴퓨터에 꽃밭을 만들었다. 그 꽃동산은 언제든지 볼 수 있고 사시사철 싱싱하게 살아있다. 해를 더할 때마다 조금씩 크기를 키워가더니, 근 이십여 년에 이른 지금에는 세상에 부러울 것 없는 화원이 되었다. 백두산, 한라산, 울릉도, 설악산. 부르면 부르는 대로, 보고 싶으면 보고 싶은 대로, 도깨비방망이처럼 내어놓는 커다란 식물원이 된 것이다. 나는 풀 한 포기 가지지 않은 무소유 자이지만, 세상에서 가장 배부른 꽃밭을 가진 소유자이기도 하다. 소유와 무소유가 어디 형태를 가진 물체로만 존재하는 것이었던가. 진정한 소유는 마음속에 있는 것임을 조금씩 알아가게 된 것이다.

'손에 쥐고 노심초사할 것이 아니라, 마음에 넣어두면 잃을 염려도 죽을 염려도 없다.' 부끄럽게도 이런 간단한 세상의 진리를 서른 몇 포기의 난초를 죽이고 나서야 알았다.

"미안하다. 보춘화야."

느티나무

 파릇하게 움이 돋는 느티나무 아래에 서 있다. 이른 봄, 연둣빛으로 빛나는 새잎은 언제 보아도 마음을 설레게 한다.
 고향 마을 어귀에는 몇 아름이나 되는 커다란 느티나무 한 그루가 있다. 내가 걸음마를 시작하면서부터 보아왔던 나무다. 비늘처럼 떨어진 껍질을 주워 딱지를 대신하기도 했고, 장기나 고누를 두던 놀이터이기도 했다. 높게 뻗은 우듬지에 올라서 출렁이는 바다를 눈 아래로 내려다볼 때는 내가 세상에서 제일인 듯 우쭐한 기분이었다. 나무 아래에서 산 너머로 빨갛게 사그라져가는 해넘이를 보기도 했고, 도회로 나가서 멋쟁이가 되어 돌아오는 내 모습을 상상하기도 했다. 열일곱, 고향을 떠나오던 내 마지막 뒷모습을 끝까지 지켜봐 주던 것도 이 나무였다. 유년의 그리움이 남아서일까. 언제부터인가 느티나무는 내 마음의 나무가 되어 있었다. 세상살이가 힘에 부치거나 지칠 때는 나도 모르게 한결같은 모습으로 맞아주는 고향의 나무가 보고 싶어진다. 그러니 내 마음의 나무라 해도 지나친 말은 아닐 것이다.

십 년을 넘게 경영해 오던 회사의 문을 닫은 뒤로는 전혀 다른 세상에 사는 듯하다. 나의 여건이 바뀌니, 주변의 시선이 달라졌다고 느끼는 것은 나만의 착각일까. 허물없이 대하던 사람들로부터 느낀 거리감과 서먹함은 내가 아직도 옛 생각을 버리지 못한 탓일 것이다. 일이 여기에까지 이르게 된 원인이, 시대의 흐름에 따르지 못한 나 자신이었음을 깨닫는 데는 그다지 많은 시간이 필요하지도 않았다. 지금이 최선이고, 내 것이 제일이라는 어줍은 자만이 불러온 필연이었다. 주변을 돌아보고 아우르는 식견이 한참이나 부족했음을 인정하지 않을 수 없다.

듬직한 밑동에 기대어 넋두리해본다. 태풍이 몰아치는 바다 한가운데에 홀로 떠 있는 나는 어디로 가야 하느냐고 묻는다. 앞조차 보이지 않는 산중에서 길을 잃어버린 나는 어떻게 해야 하느냐고 하소연을 한다. "괜찮다, 다 괜찮아질 거야."라고 머리 위에서 나무가 속삭여 주는 듯하다. 천 년을 살다 보면 무슨 일이든 다 보게 되고, 무슨 일이든 다 경험하게 된다고 말한다. 시간이 지나면, 계절이 바뀌면, 그 어떤 어려운 일도 바람에 날리어 가고, 비에 씻기어 간다고 조곤조곤 다독여 준다. 얼토당토않은 나의 푸념을 말없이 들어주는 고향의 느티나무가 있어, 세사에 상처 입은 마음을 조금이나마 위로받을 수 있는 것일지도 모른다.

세상에서 변하지 않는 것은 없다고 한다. 좌절의 상처로 쓰라린 이 마음도, 세월이 지나면 커다란 둥치에 붙어있는 옹이처럼 흔적만 남아

있을 것이다. 나무줄기 곳곳에 불거진 크고 작은 혹들도 긴 세월 속에서 만난 질곡의 응어리가 아닐까. 여기저기 툭툭 불거진 혹이 있어 느티나무는 오히려 더 우람해 보이고, 더욱 신령스러워 보이는 것일지도 모른다. 오늘 내게 불거진 이 옹이가 언젠가는 되레 좋은 약이 될 수도 있지 않겠는가. '새옹지마'라는 흔하디흔한 비유처럼 말이다.

껍질이 비늘처럼 덕지덕지 붙은 나무를 가만히 쓰다듬어 본다. 농사일에 이골이 난 어머니의 손처럼 갈라 터지고 투박하다. 이 거칠고 울퉁불퉁한 겉모습 속에 천 년을 살아가는 슬기가 숨어있을 것이다. 느티나무에는 다른 나무처럼 기생식물이 크게 자라는 것을 좀처럼 볼 수 없다. 더부살이들이 자리를 잡을 만하면 스스로 껍질을 벗어 버리기 때문이다. 때에 맞춰 허물을 버림으로써 더 우람해지고, 더 건강해지는 삶의 이치를 터득한 나무이다. 한 번 가진 것이라면 끝까지 놓지 않으려 하는 탐욕의 한계를 허물고, 버림으로써 한층 아름다운 나무가 되는 것이리라.

봄이 돌아오니 몇백 년을 살아온 느티나무도 새로운 꿈을 꾸는가 보다. 호기심 가득한 일곱 살 소년의 눈망울처럼 새로 돋은 이파리들이 희망에 부풀어 반짝이고 있다. 겨울의 때 묻고 낡은 옷을 벗어버리고 느티나무는 나날이 새로워진다. 경쟁과 성과만을 생각하며 무작정 달려온 시간이었다. 그 치열함을 놓아버린 지금, 허무라는 달갑지 않은 감정이 비늘처럼 나에게 덕지덕지 붙어 있다. 자존심, 자신감. 그동안 나의 힘이고 버팀목이라고 여겼던 것들이, 이제는 오히려 자신을 속박하는 굴레가 되어 다가온다. 내가 알고 있는 것이 아닌, 또 다른 진실을 바로 보기 위해서는 이 나무처럼 낡은 껍질을 스스로 벗어버려야만 하리라. '어우러지고 함께하고, 돌아보면서 발맞추어 가는 아름다운 삶의 길을 걸어보라.' 절망과 체념의 끝에서 느티나무가 내게 내려준 화두 하나다.

　갓 돋아난 잎들이 봄바람에 춤을 춘다. 훌쩍 키가 자란 들판의 보리밭에도 푸른 너울이 넘실넘실 일렁인다. 아지랑이 너머로 이어진 좁다란 논두렁에서 달래를 캐는 이의 모습이 꿈결처럼 아른거린다. 봄, 내 마음의 나무에 새잎이 돋는 봄이 왔다. 나무에 기대어 서 있는 나에게도 초록으로 남실대는 희망의 봄이 찾아와 주면 좋으련만.

제비꽃

제비가 왔다. 푸른 하늘을 마음껏 활갯짓하는 모습이 거침없어 보인다. 예전만큼 많은 숫자는 아니지만 그래도 잊지 않고 해마다 찾아오는 것이 고맙기만 하다.

늘 이맘때쯤이면 놀부가 제비 기다리듯 애가 탄다. 제비를 보고 싶어서이기도 하지만, 봄을 기다리는 탓이다. 이미 들판은 파릇해지고 봄 냄새가 물씬해도, 진달래가 피고 제비가 하늘을 날아야 완연한 봄 기분이 난다. 제비는 혼자 오지 않는다. 봄소식은 물론, 흥부네 박처럼 주렁주렁 꽃들도 같이 데려와서는 지천으로 흩어놓는다. 그중에는 나지막한 키에 보라색이 도드라져 보이는 꽃도 있다. 제비가 올 무렵에 같이 찾아오는 꽃, 그래서 이름도 제비꽃이다.

제비꽃은 이름도 많다. 모진 겨울을 보내느라 식량이 다 떨어진 오랑캐가 쳐들어오는 시기에 핀다고 오랑캐꽃이라고 한다. 또 병아리가 알에서 깨어나는 때와 비슷한 시절에 온다고 병아리꽃이다. 생긴 모양이나 쓰임새에 따라서 다르게도 부른다. 쪼그리고 앉아야 눈을 마주할 수 있다고 앉은뱅이꽃, 꽃으로 가락지를 만들어서 가락지꽃이다. 꽃줄기를 엇걸고 꽃 씨름을 한다고 씨름꽃, 어린잎을 나물로 먹었다고 외나물꽃이라고 부른다. 봉기풀, 파리꽃, 장수꽃, 다 열거할 수도 없을 만큼 많은 이름을 가지고 있다. 그만큼 사람과 친숙하다는 말과 다르지 않다. 제비꽃의 다양한 이름도 이름이지만, 노랑제비꽃, 흰제비꽃, 호제비꽃, 그 종류도 육십여 가지가 넘으니 일일이 제 이름을 찾아 불러주기조차도 쉽지 않다.

　나는 남들과 약간 다른 이름을 가졌다. 보통 사람들은 이름으로 두 자를 쓰는 데 비해, 나처럼 외자 이름을 쓰는 이는 만나기 쉽지 않다. 이름이 독특하다 보니 처음 안면을 트는 사람도 나를 쉽게 기억한다. 이 특별함이 한때는 원망스러웠던 때도 있었다. 놀림감이 되기도 했고, 늘 관심의 대상이 되었다. 중학교 시절 사회시간은 여간 고역이 아니었다. 전 학년을 통틀어도 외자 이름을 쓰는 학생이 두셋밖에 없다 보니 선생님에게 빨리 기억되었나 보다. 한 시간에도 몇 번씩, 질문할 때마다 내 이름을 불러서 곤혹스러웠던 적이 있다. 그 선생님의 수업시간이 어찌나 무서웠던지 도망치고 싶었던 기억이 아직도 생생하다. 지금은 명함을 교환할 때마다 이름이 좋다고 호감을 나타내고, 필명이냐고 묻는 이도 있으니 더없이 좋은 이름이기만 하다.

　담장 아래서 탐스러운 꽃을 피우고 있는 제비꽃을 만났다. 시멘트벽과 포장길이 만나는 곳이다. 흙이라고는 한 줌도 보이지 않는 틈바구니에 뿌리를 내리고 있다. 문득 떠오른 옛 생각을 더듬어 꽃 씨름이라도 해 볼 요량으로 손을 내밀다가 멈칫, 거두고 만다. 물 한 모금 없는 곳에서 이리도 아름다운 꽃을 피워낸 생명이 경이로워서이다. 누구든 힘들지 않은 삶이 있으랴. 다른 그 어떤 이의 고난보다도 자기에게 주어진 현실이 가장 고통스러운 법이다. 이 제비꽃 역시 그러하리라. 제비꽃으로 산다는 것. 제비꽃으로 불린다는 것. 그것이 어떤 틈바구니에 서건, 어느 장소에서건 기어코 꽃을 피워야 하는 이유가 아닐까.

　이름이란 '다른 것과 구별하기 위하여 부르는 말'이다. 제비꽃처럼 다르게 불리는 별명이 많다는 것은 그만큼 관심을 가지는 이도 많다는 이야기다. 각자의 처한 상황이나 생각에 따라, 같은 사물이라도 다르게 보이니 부르는 이름도 다른 것이다. 이름에는 제 나름의 이름값이 있다. '명성에 따라 그에 걸맞게 하는 행동'이 이름값이다. 이름을 부르면서는 무의식적으로 그와 관련된 심상을 떠올리게 된다. 호랑이라고 부르면서 당당함과 우렁찬 포효를 생각하고, 버들을 이야기하면 부드러움과 흩날리는 가지를 상상한다. 내 이름에는 어떤 이름값이 붙어 있을지 궁금해진다. 남들이 내 이름을 불러줄 때 나는 무엇으로 연상될까. 쉽게 기억된다고 좋아할 정도의 값어치는 하고 사는 것일까. 한 치 앞도 볼 수 없는 불투명한 미래를 가진 저 제비꽃이 당당히 꽃을 피워내듯, 내가 걸어야 할 나의 길을 제대로 가고 있기나 한 것일까.

　남들이 부러워하고 쉽게 기억해 주는 나의 이름값에 대해 생각해 본다. 내 이름으로 쓰인 글들은 어떠한지. 가족으로서, 친구로서, 또 사회의 구성원으로서 역할은 제대로 하는 것인지.

담장 틈바구니에 살지만, 수십 가지 별명의 이름값을 당당하게 지고 가는 제비꽃 앞에서 한참을 쭈그리고 앉았다.

찔레꽃

 언제쯤에 새겨졌던 기억일까. 아직도 코끝에 간직되어 있는 아련한 향기를 느끼고는 사방을 두리번거린다. 저만치 담장 한쪽 귀퉁이에서 언제 보아도 반가운 자태를 발견하고는 한달음에 달려간다. 찔레꽃 한 무리가 날 보라는 듯 소담하게 피어서 방실거리고 있다. 곁에 핀 장미처럼 크고 원색적이지는 않지만, 단출한 꽃잎만으로도 나의 눈길을 받기에는 차고 넘친다. 꾸미지 않은 소박함이 마치 화장기 없는 민낯의 소녀처럼 수수해 보여서 더욱 정겹다.
 찔레꽃 앞에 서서 나는 까마득한 그림자로 남아있던 하얀 그리움 하나를 건져 냈다. 봄바람을 타고 흐르는 꽃향내를 따라 구불구불 이어진 논두렁을 보고, 파랗게 이삭을 내민 보리밭 위를 날아다닌다. 장독대 뒤에 숨어있는 까까머리 동무를 찾아내고, 꿩 울음소리가 늘어지는 마을 뒷동산에도 누워 본다. 나뭇짐을 지고 끙끙대었던 재 너머 길도 가보고, 양버들이 줄지어 서 있던 먼지 자욱한 신작로도 걷는다. 깜부기를 쑤욱 뽑아서 만들었던 보리피리의 단순하면서도 애잔한 가락이 귓전에서 맴돈다.

찔레의 새순을 따서 그리움을 씹어본다. 통통하게 살이 오른 줄기를 한 뼘 남짓 꺾어서는 톡톡 껍질을 벗긴다. 혀끝에 남아있는 달콤함을 기억하며 덥석 한 입을 깨문다. 호기로운 입놀림과는 달리 낯설게 전해져 오는 이런 들큼함이라니, 나무토막을 씹는 느낌에 화들짝 추억이 달아나고 만다. 그 시절의 찔레순은 허기진 배를 채워주던 둘도 없는 간식이었건만, 채 한 모금을 다 넘기지 못하고 뱉어버린다. 풀밭에서 한 움큼씩 뽑았던 삘기나, 솔가지의 껍질을 벗겨 씹었던 그 달착지근했던 맛이라고 어디 다를까. 마음으로 기억하는 그 맛을 다시 느끼기에는 너무 멀리 와버린 것 같아서 왠지 서글퍼진다.

찔레꽃을 보고 있노라니 누님이 생각난다. 터울이 있으니 내가 초등학교 고학년이 될 무렵에는 이미 중학교에 다니고 있었다. 등교하는 누님이 입고 나서던 교복의 하얀 칼라가 아직도 선연하다. 빳빳하게 풀을 먹인 것도 아닌, 그저 둥그스레한 옷깃에 불과할 뿐이었지만 내 눈에는 더 없는 멋쟁이로 보였다. 새하얀 깃에 꽂힌 중학교의 배지는 또 얼마나 빛났던지. 꾸미지 않아도, 치장하지 않아도 저절로 빛난다는 말이 그런 뜻이 아니었을까. 아무런 장식 없이도 빛나는 찔레꽃처럼 누님은 시골 마을에서 가장 빛나는 들꽃이었다.

찔레꽃에는 날카로운 가시가 있다. 들판에 살지만, 아무에게나 손길을 허락하지 않겠다는 자존의 상징일 것이다. 섣불리 나를 대하다가는 상처를 입기에 십상이니 만만히 보지 말라는 경고와 다름없다. 그러한 모습조차도 내게는 정겹게 다가온다. 막 이성을 알아 갈 무렵 동갑내기 여학생들의 모습이 겹쳐지기 때문이리라. 말이라도 붙여 보고 싶었지만, 가시를 세운 듯 날을 돋운 서슬에 엄두조차 내지 못하고 늘 저만치서 바라만 보았다. 찔레에서는 열대여섯 살 시골 여학생처럼 새침하지만 풋풋한 연두색 향기가 난다.

 오월의 신록 사이로 바람이 분다. 길섶에 선 풀잎마다 싱그러움이 가득하다. 한껏 생명의 기운을 머금고 피어나는 들꽃 하나하나가 신비롭고 대견하다. 보아주는 이 없어도 스스로 최선을 다하고, 알아주는 이 없어도 모두 제 몫만큼의 삶을 살아간다. 과하여 탈이 나는 일도 없으며, 다투어 상하는 일도 없다. 저에게 주어진 생에 온 힘을 다하는 모습이 고와도 보인다. 찔레의 꽃잎처럼 티 없이 맑았던 어린 시절의 순수함은 어디로 가버린 것일까. 이래서 불만, 저래서 불평, 모자란 것들에만 얽매여 허둥대는 것이 현재의 내 모습이다. 더 가지려, 더 나아가려 안달복달하는 나를 향해 복에 겨운 투정일랑 부리지 말라고 오월의 찔레가 이리저리 고개를 내젓는다.

 도심 담장에 살고 있는 이 꽃의 고향은 어디였을까. 저도 나처럼 타향살이를 하고 있을지도 모르는 일이다. 어쩌면 나른한 햇살을 받으면서 발치 아래에 함께 살았던 민들레를 생각하고 있지나 않을까. 찔레꽃을 보면서 나는 고생스러웠지만, 행복했던 옛일들을 생각해 낸다. 푸르렀던 고향 들판과 순수했던 동무들이 절로 떠오른다. 그만큼 흔했던 탓일까, 아니면 때 묻지 않은 순박한 느낌 때문일까. 각지에서 각자의 처지대로 살아가고 있을 코흘리개들이 새삼 보고 싶어진다. 찔레꽃 송이마다 발가벗은 그들의 이름을 붙여 불러 본다. 그리고 아주 영원히 먼 길을 떠나버린 친구의 이름까지도.

  찔레꽃에서는 고향의 냄새가 난다. 찔레꽃에서는 그리움의 향기가 난다.

민들레

수많은 발길이 오가는 길섶이다. 보행로의 실금같이 가느다란 틈새에다 뿌리를 내린 민들레가 소담한 꽃을 피웠다. 이파리의 한쪽은 짓이겨져 시퍼런 풀물을 쏟아내고, 꽃줄기는 밟혀서 기우뚱 드러누웠다.

어쩌다가 이런 곳에 터를 잡았을까. 하루하루, 시간 시간의 삶을 장담하지 못하는 위험천만한 곳에서 살아가는 모습이 안쓰럽기만 하다. 하기야, 사람살이라고 별다를까. 경치 좋은 곳에서 살고 싶다고 아무 곳에서나 집을 짓고 살 수는 없는 노릇이다. 멀리 떠나고 싶다고 해서 언제든 나설 수는 더더욱 없다. 내 의지와는 다르게 흘러가 버리는 경우가 허다하고 허다한 것이 세상사 아니었던가. 발길을 피해 가면서 아등바등 제 몫의 삶을 살아가는 잡풀에 자리 타령은 사치일 뿐이다.

민들레는 잡초다. 사람들은 길거리에 핀 민들레가 제법 봐줄 만하다고는 생각하지만, 언제라도 주저 없이 짓밟아 버릴 수도 있다. 풀밭에 피었건 밭둑에 피었건 뿌리째 뽑아버려도 아쉽지 않은, 그저 그런 들풀에 지나지 않는다. 이렇게 문드러지고 찢기며 살아가는 모습은 우리네 간난한 생활이라고 무엇이 다르겠는가. 허리가 휘도록 일을 하지만 내일 다시 불러줄 기약이 없는 노동자의 삶이고, 부당한 대우를 말 없이 감내해야 하는 시간제 근로자의 일상이다. 비가 오면 쉬어야 하고, 일거리가 없어서 놀아야 하는 나의 미래도 이 민들레와 크게 다르지 않으리라.

　줄기가 꺾여 드러누운 민들레와 눈높이를 맞추어 본다. 김주열, 제정구, 전태일, 들풀처럼 살았지만, 세상의 빛이 된 사람들의 이름들이 떠오른다. '밟히고 짓이겨질지언정 좌절하지는 마라.'고 전해오는 노란 속삭임이 귓가에 맴돈다. "나를 짓밟을 수는 있을지언정, 그들과 내가 지켜낸 참된 자존을 보려는 이는 누구든 내 앞에서 무릎을 굽혀야 하리라."

　아슬아슬 비켜가는 뾰족구두를 바라보는 민들레의 자태가 당당하기만 하다.

천지

 자작나무가 끝도 없이 늘어선 길을 달린다. 시선이 닿는 곳, 아득한 너머까지 펼쳐진 나무들의 세상이다.
 산이 높이를 더해 갈수록 능선은 웅장해지고, 나무들의 키는 점점 낮아진다. 거센 바람 탓에 드러눕듯이 자란 사스래나무의 군락은 나무가 자랄 수 있는 제일 높은 곳이다. 수목한계선을 지나고부터 펼쳐진 초원은 이제 막 피어나는 풀꽃들의 천국이다. 희고 노란 꽃들이 언덕 위에 나란히 늘어서서 이방인의 환영식이라도 펼치는 듯 온몸을 흔들어 댄다. 발아래로 펼쳐진 거대한 협곡과 끝없이 이어진 산줄기를 보노라니 가슴이 들끓어 오른다. 이런 것을 일러 호연지기라고 하는 것일까.
 노랑만병초가 융단처럼 깔린 산마루를 돌아드니, 백두의 봉우리들이 눈앞에 펼쳐진다. 산 아래는 벌써 여름인데, 아직도 눈이 채 녹지 않은

골짜기가 만들어 내는 설경이 자못 신비롭다. 상상 속에서나 그려보았던 장엄한 풍경에 얼이 빠져있는 사이에 목적지에 도착했다. 정상 바로 아래까지 올라온 차에서 내리자마자 먼저 영산의 공기를 가슴 깊이 들이마신다. 눈을 들어 그림 속에서, 책 속에서만 상상해보던 백두의 봉우리를 가슴에 담는다. 그들 하나하나의 이름이야 모른들 어떤가, 이미 내가 그들과 함께함인데.

 천지. 생각만으로도 마음이 설레었던 곳. 언제나 가슴속에 담아두고 만나기를 고대했던 곳에 서 있다. 꿈에서 그리던 천지를 만난 감격일까. 아니면 아직도 두꺼운 외투를 입어야 할 정도로 서늘한 기온 탓일까. 마음이 떨려오고 몸으로는 짜릿한 전율이 타고 흐른다. 하늘에는 뭉게구름이 하얀 솜사탕처럼 흩어져있다. 고요한 천지를 가운데에 두고 사방을 둘러싼 산봉우리들의 엄연한 기세가 보는 이를 압도한다. 이제야 봄을 맞은 듯 파릇하게 빛나는 풀꽃들 아래로 그림 같은 호수가 펼쳐져 있다. 속내를 드러내 보이지 않으려는 듯, 검푸른 물빛은 보는 것만으로도 마음이 숙연해진다.

 천지, 전설과 역사가 시작된 곳. 우리가 터를 빌려 사는 곳의 시작점에서 바라보는 하늘이고 산이다. 치솟아 더 오를 곳이 없는 백두산 봉우리들이 오히려 물속으로 스며든다. 둥실둥실 한없이 자유로울 것 같은 구름조차도 그 속으로 내려앉는다. 하늘도 산도 사람도 모두 담아서 아우르는 곳. 천지는 하늘과 맞닿아 있다. 산봉우리들은 물에 비친 자아를 보면서 천하를 굽어보는 오만함을 덜어내고, 하늘은 수시로 변하는 자신의 모습을 비춰보며 덧없음을 알아 간다. 더하여 무엇이든

다 담아 들일 것만 같은 물조차도 과하지 않게 덜어낸다.

건너편을 바라본다. 능선에 있는 군인들의 초소와 호수까지 이어진 계단이 선명히도 보인다. 오늘날 천지가 처한 운명이다. 관광객으로 북적대는 이쪽은 격정적인 탄성과 감탄으로 요란한데, 호수 너머는 남의 일인 듯 적막하기만 하다. 천지의 물은 아무런 거리낌 없이 서로 섞이고 있건만, 우리는 그저 바라만 볼 수밖에 없는 곳이다. 천지를 내려다보는 바위틈에 나도개미자리가 하얀 꽃을 소담하게 피웠다. 두메양귀비, 개감채, 좀참꽃도 한껏 맵시를 부리고 있다. 이들이야 이쪽이면 어떻고 저쪽이면 어떨까. 시대가 바뀌고, 나라 이름이 바뀌고, 국경이 바뀌는 것은 사람의 일상사, 풀꽃과 천지는 그저 우여곡절을 고스란히 담아 삭여내며 묵묵히 지켜볼 뿐이다.

물결이 일렁인다. 산 그림자가 일그러지며 흐릿해진다. 백두산은 천하를 굽어볼 만큼 높이 솟았지만, 천지라는 큰 거울을 보며 언제나 자신을 가다듬는다. 자아를 관조하며 마음을 닦아가는 백두산. 늘 덜어내어 지나침을 경계하는 천지. 그들은 구름을 가두지 않고, 풀꽃들을 골라서 기르지 않는다. 스스로 오가고 스스로 자라게 한다. 남북을, 동서를 가르는 경계는 부질없는 인간의 욕망일 뿐이라고 호수를 건너온 바람이 속삭인다.

꿈에서 그리던 천지를 만났다. 나에게 다가온 천지는, 세상을 비추어 자신을 돌아보게 하는 넓고도 큰 거울이었다. 이제는 돌아가야 할 시간. 자신의 본모습을 온전히 비춰주는 천지처럼, 맑은 거울 하나 놓아둘 마음자리를 지금부터라도 닦아 보아야겠다.

4부
뚜루루루 뚜루루루

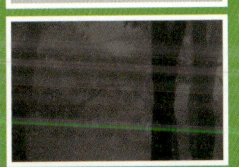

천선과
감나무
똥바가지 쌀바가지
뚜루루루 뚜루루루
폐허
봄날
덕항산
다람쥐
고구마 캐는 날
갯버들
돌아서야 할 때
낯선 길
어머니

천선과

 선계의 복숭아밭인 반도원에서 복숭아를 훔쳐 먹고, 인세에 몸을 숨긴 동방삭이라는 사람은 삼천갑자를 살았다고 한다. 서유기에 나오는 제천대성 손오공이 하늘에서 맡았던 벼슬자리 또한 복숭아밭을 지키는 것이었다. 사람들이 누구나 꿈꾸는 이상향을 찾아가는 길 역시 복사나무 숲이 있는 곳이라고 하니, 복숭아야말로 불선佛仙을 아우르는 천상의 열매인 셈이다.
 남쪽 바닷가에서 자라는 천선과나무라는 나무가 있다. 우리가 흔히 아는 무화과나무와는 형제간으로 한방의 생약명이나 과실을 말할 때는 '천선과'라고 한다. 열매의 모양이나 색깔, 거기서 나오는 하얀 즙액까지 젖먹이 어미의 젖꼭지를 닮았다. 그래서 지역 사람들은 젖꼭지나무라고 부른다. 쓰임새나 그 효험이야 '하늘의 신선이 즐기는 열매'라는 이름만으로도 과히 알만하지 않은가. 복사나무가 꽃이나 열매를 화려하게 드러낸다면, 이 나무는 자신을 안으로 갈무리한 은자 같은 나무다. 복사꽃 만발한 길과 반도복숭아가 사람이 아는 선계의 상징이라면, 천선과는 신선이 인세에 감추어 둔 자기들만의 내밀한 보석이라면 과한 표현일까.

흔히들 무화과를 꽃이 피지 않는 나무라고 알고 있다. 밖으로 드러나는 꽃이 없다 보니 옛 문헌에도 꽃이 없는 나무로 소개하고 있다고 한다. 하지만 '무화'는 엄밀히 말하면 '은화'라고 해야 맞는 표현이다. 꽃이 있으나, 숨겨져 있어서 보이지 않는 것일 뿐이다. 무화과는 꽃자루가 올라오면서 바로 화낭이라고 하는 주머니가 생기고, 그 안에 자잘한 꽃들이 숨어서 핀다. 처음에는 주머니가 꽉 닫혀 있지만, 성장하면서 끝에 구멍이 생기는데, 그 구멍 속으로 매개 곤충이 들어가 수정을 시킨다. 사람의 눈에는 그저 꽃 주머니만 저절로 커지는 것으로 보이지만, 보통 꽃처럼 수정 단계를 거쳐야 말랑말랑하고 달콤한 열매를 맺을 수 있다.

무화과는 암수한그루인 데 비해 천선과나무는 암수딴그루이다. 이유미 박사의 《광릉 숲에서 보낸 편지》에서는 수정과정을 좀 특이하게 소개하고 있다. 꽃과 공생하는 특별한 벌들의 이야기다. 수꽃의 주머니가 부풀어 오르면 수벌이 일찍 성장하여 아직 덜 자란 암컷과 교미는 하지만, 안에서 죽어버린다. 반면 암벌은 꽃 주머니의 끝에 구멍이 생길 무렵에야 성충이 되므로, 꽃가루를 잔뜩 묻혀서 밖으로 나온다. 수나무의 꽃 주머니로 들어간 암벌은 통통한 과육 속에 산란관을 꽂아 알을 낳는다. 거기에서 태어난 애벌레들은 수꽃의 조직이나 화분을 먹으며 안전하게 어른으로 다시 자라게 된다. 하지만 운 나쁘게 암꽃을 찾아간 벌은 이미 꽃들이 크게 자란 뒤라 산란관이 과육에까지 닿지 않는다. 암벌들은 알자리를 찾아 헤매느라 꽃은 수정시키지만, 알을 잔뜩 머금은 채 죽어 버린다고 한다. 약간 특별하기는 해도, 수정과 삶의 보장이라는 공생관계임에는 틀림없다. 수꽃은 벌들의 보육장이고 열매를 맺은 암꽃은 벌들의 무덤인 셈이다.

  여름 바닷가를 거닐다가 천선과나무를 만났다. 둥그스름한 열매들이 한창 익어 가는지 제법 말랑말랑해졌기에 제천대성에게라도 들킬세라, 소매 밑으로 슬그머니 하나를 숨겼다. 하늘의 신선들이 즐기는 과일이라고 하니 그 맛이야 오죽할까. 달콤한 복숭아의 향과 무화과의 부드러운 속살을 생각하며 남몰래 깨물었다. 불로장생하리라는 기대까지 추가된 맛이니 어찌 다 말로 표현하겠는가. 역시, 신선들의 입맛은 확실히 다른가 보다. 꿈에 부풀어 베어 문 열매를 두어 번 씹다가 오만상을 구기면서 도로 뱉어내고 말았다. 기대가 크면 실망도 크게 오는 것이 세사의 진리 아니었던가. 상상했던 달콤함과는 거리가 한참이나 먼 떨떠름함이다. 속된말로 '이거 뭐야.'라는 표현에 딱 들어맞는다고나 해야 할까. 하기야 단것만 좋아하는 선인이 어찌 등선을 하랴마는.

  눈에 보이는 꽃이 없다고 무화가 아니듯, 입에 느껴지는 맛이 없다고 무미일까. 신선이나 알 수 있는 맛을 나의 세 치 혀로 알려고 했으니 도가 지나쳐도 한참이나 지나친 셈이다. 눈에 보이는 것만이 진실이라고 믿는 속 짧은 내가 아닌가. 현실에 보이는 화려한 복사꽃과 달콤한 열매만을 찾아 헤매는 한, 무릉도원을 찾기란 힘들 것이다. 차라리 천선과의 쏩쓰레한 맛 뒤에, 신선의 탈속한 세계가 숨어있을지도 모르는 일이다.

도교의 신선전에는 이런 구절이 있다고 한다.

'지난 일을 알면서 돌이킬 줄 모르고, 이익만을 보느라 그 해악은 피할 줄 모른다.'

감나무

 지나던 길이라면서 지인이 홍시 한 상자를 차에서 내려주고 간다. 상자 안에는 말간 얼굴의 홍시가 새색시처럼 볼을 붉히며 가지런히 앉아있다. 보는 것만으로도 군침이 돈다. 별것 아닌 것처럼 천연덕스럽게 내려주고는, 바람같이 가버린 사람의 뒷모습이 자꾸 눈에 밟힌다. 차 한 잔을 권하지도 못하고 보내버린 것이 못내 마음에 걸리는 까닭이다.
 학교를 마치고 돌아오면 '장독 뚜껑 위에 놓아둔 생감이 홍시가 되었나.' 하고 제일 먼저 장독간을 들렀다. 채 여물지 못하고, 땅에 떨어진 감이 보이면 일일이 주워 와서 모아두기 때문이다. 떨어진 감이라 생채기가 있고, 때로는 작은 돌이 박혀있는 것도 있지만, 홍시가 되면 배고픈 아이의 주전부리로는 손색없이 훌륭한 먹거리였다. 외관이 비교적 멀쩡한 것은 소금물을 담은 작은 단지에 넣어두기도 했는데, 실수로 단지라도 깨뜨린 날에는 당연히 따라오던 어머니의 부지깽이 매타

작도 이제는 아련한 그리움으로만 남았다. 담장 너머 길가에 떨어진 감꽃을 주우려면 남보다 먼저 일어나야 하고, 깨어져 반쪽이 되어버린 감이라도 함부로 버리지 않았다. 지금이야 흔하디흔한 과일이지만 그때는 감나무가 있는 집이 더없이 부러웠다.

감나무는 '오래 살고, 새가 둥지를 틀지 않으며(?), 벌레가 슬지 않고, 목질이 단단하면서도, 열매가 달다.'고 하여 오절을 가진 나무라고 한다. 비록 약간의 과장이 섞였을지라도 서민적인 친근한 비유가 정겹다. 의령의 백곡리에는 수령이 450년이나 되는 천연기념물 감나무가 있다. 질곡을 겪으며 살아온 세월만큼이나 예사롭지 않은 모습이다. 마을 입구에 점잖게 자리를 잡고서 동네 사람들과 애환을 같이한다. 언제부터인가는 나무에 금줄을 두르고 치성을 드리며 신성시하는 신령스러운 나무이기도 하다. 함안 파수마을의 250년 된 감나무에서 열리는 감으로 만든 곶감은 다복과 행운을 준다고 하여 특별히 비싼 가격에 팔린다고 한다. 또한, 상주에는 750살이나 된 감나무도 있다고 하니, 오래 사는 나무라는 말도 가히 틀린 말은 아닌 듯하다.

오절도 있지만, 오상도 있다. '잎이 넓어 종이 대신 사용할 수 있고, 나무가 단단하여 화살촉의 재료가 되며, 열매의 겉과 속이 다르지 않고, 홍시는 살이 부드러워 노인도 먹을 수 있으며, 서리가 내릴 때까지 달려있다.'고 하여 오상이 있다고 한다. 어른을 위하고 가난한 사람을 생각하는 마음이 녹아있는 오상과 오절이라서 오히려 푸근하다. 호랑이가 제일 무서워하는 것이 할머니의 '곶감'이고, 오뉴월임에도 아픈 어머니를 위해 호랑이의 등을 타고 가서 구해 온 것이 '홍시'다. 수입 과일이 넘쳐나는 지금도 곶감이나 홍시는, 아이나 어른 할 것 없이 모두가 즐기는 먹을거리이기도 하다.

　상자에 담긴 고운 홍시를 보고 있으니, 냉이를 캐느라 볼이 홍시처럼 빨개져 있었던 어머니의 얼굴이 떠오른다. 오십 년을 홀로 살아오면서 아끼고 쪼개느라 좋은 것, 맛있는 것하고는 거리가 멀었다. 그나마 조금 형편이 나아질 만하니 덜컥 자리보전을 하고 말았다. 늘 변함없는 모습으로 내 곁에 머물 줄 알았기에 누워계신 어머니의 여윈 모습이 낯설기만 했다. 언제부터인가 어머니는 내 마음의 뒷자리로 밀려나 있었다. 산으로 들로 쏘다니며 섣불리 파헤쳐진 풀 한 포기에는 그렇게 마음 아파했으면서도, 정작 어머니의 걱정 어린 염려에는, 오히려 타박하듯 모진 말로 대했다. 병상에 있는 중에도 마늘 파종 걱정, 겨울 가뭄에 시금치 걱정하느라 좌불안석으로 마음 한 번 편할 날이 없었다. 아픈 동안만이라도 농사일에서 마음을 놓아 보는 것이 그리도 힘들었을까. 비바람을 맞아도 바깥일 하는 것이 훨씬 편하다고 생각하는 어머니였다. '이제 퇴원해도 된다.'는 의사의 말에 어린아이처럼 좋아하실 때는, 갑자기 콧등이 시큰거렸다.

　'아무리 오래된 나무 일지라도, 열매를 맺지 않은 감나무의 속살은 하얗다고 한다. 그에 비해 열매가 열리는 나무의 속은 새까맣게 변한다.'는 감나무의 속설은, 자식을 낳아 기르는 부모의 마음에 곧잘 비유되기도 한다.

　　반중의 조홍감이 고와도 보이나다/ 유자 아니라도 품음 즉도 하다마

난/ 품어 가 반길 이 없으니 그를 설워하노라 //

　학창시절에 배웠던 시조 한 가락이, 어찌 이리도 지금의 내 마음과 같을까.

똥바가지 쌀바가지

"흥보가 지붕으로 올라가서 박을 톡톡 튕겨 본 즉, 팔구월 찬 이슬에 박이 꽉꽉 여물었구나. 박을 따다 놓고 흥보 내외 자식들 데리고 톱을 걸고 박을 타는듸. 시르렁 실근, 톱질이로구나, 에이 여루 당그어 주소. 이 박을 타거들랑 아무것도 나오지를 말고 밥 한 통만 나오너라. 평생을 밥이 포한이로구나." 흥부가 중에서 박 타는 대목이다.

내가 어릴 때 살았던 초가집의 지붕에는 해마다 박 덩굴이 무성했다. 어둠이 찾아오고 고요한 달빛이 내리는 날, 희다 못해 푸르스름하게 빛나는 박꽃은 내 어린 눈에도 신비롭게만 느껴졌다. 찬바람에 이파리가 시름시름 기운을 잃어갈 때쯤이면 똬리를 베개 삼아 편안하게 배를 내민 박 덩이가 탐스럽게 영글어 간다. 썩은 이엉이 주저앉을까 무서운 초가지붕을 오르는 데는 막내인 내가 제격이라, 박을 따는 것은 언제나 내 몫이었다. 아름이 넘는 박을 안고 엉금엉금 지붕을 기어 다니고는 했었다.

　둥글고 종자가 많은 박은 생명력과 다산의 상징이고, 예로부터 우리와는 아주 친근한 식물이다. 《흥부전》에서는 보은의 박이요, 〈농가월령가〉에서는 먹을거리로서의 박이다. 또, 박으로 만들었다는 원효의 '무애호'는 중생을 현실의 번뇌로부터 구원하는 자비의 목탁이기도 했다. 무속에서는 바가지를 두드릴 때 나는 시끄러운 소리가 귀신을 쫓는다고 믿었고, 민간에서는 태독이나 치질을 치료하는 약재로도 사용되었다. 어린 열매나 잎으로 나물을 만들어 먹기도 하거니와 잔치 음식에서 약방의 감초격으로 많이 쓰이는 재료이기도 하다.

　잘 여문 박으로 만든 바가지는 여러 가지로 쓰임새가 많다. 물을 푸는데도, 멍석에 널려진 낟곡을 긁어모으는데도 바가지를 사용한다. 작은 물건을 담아 나르거나, 한 바가지 두 바가지, 부피를 계산하는 단위로 쓰이기도 한다. 요란스럽게 잘 깨어지는 탓에 며느리의 화풀이 대상이고, 때에 따라서는 아이들 체벌에 유용한 교육용(?)으로도 사용하였다. 물건의 가격을 제값보다 더 주었으면 바가지를 쓰는 격이고, 일을 틀어지게 하면 쪽박을 깨는 격이다. 또 빼놓을 수 없는 것으로는 아내의 바가지 긁는 소리도 있다.

　박 바가지를 만드는 방법은 생각보다 간단하다. 속이 꽉 차고 외관이 예쁘게 잘 익은 것으로 고른다. 박 하나를 반으로 쪼개는데 무슨 톱질씩이나 하냐고 반문할 수도 있겠지만, 껍질은 생각보다 훨씬 단단하다. 흥부처럼 우여곡절을 겪으며 절반으로 탁 갈라놓으면 솜처럼 부드러운 속살에 촘촘히 씨가 박혀있다. 씨는 따로 모으고, 속은 껍질의 힘살이 드러날 때까지 숟가락으로 박박 긁어내야 한다. 그리고 바깥 껍질까지 잘 손질한 다음 푹 삶아서 말리면, 말 그대로 박 바가지가 완성된다.

　바가지는 소용에 따라 송곳으로 이곳저곳에 구멍을 뚫는데 여기서 각각의 한살이가 결정된다. 구멍이 아예 없거나 작고 아담스러운 조롱박 바가지이면, 물독이나 술독에서 평생을 보낸다. 꼭지에 구멍을 뚫어 노끈을 매달면 창고에서 농기구가 되고, 더러는 부엌데기 신세가 되기도 한다. 어디에 사용할지는 순전히 만든 사람의 마음이지만, 그 쓰임새가 정해지는 순간부터 바가지로서의 숙명이 시작된다. 자의가 아닌 우연의 결과로 쌀독으로 간 쌀바가지와 뒷간으로 간 똥바가지도 다를 바 없다.

　쌀바가지는 뒤주에서 곱게 지낸다. 쌀가루로 하얗게 분단장을 하고, 귀하디귀한 쌀을 한 됫박씩 덜어내 줄 때마다 온갖 귀염을 받는다. 좋은 곳에 던져진 탓으로, 뒤주가 제 것 인양 거들먹대는 것이다. 반면에 똥바가지는 신세가 참으로 가련하다. 송곳으로 곳곳에 구멍이 뚫릴 때부터 고통의 바다다. 긴 자루에 매달려, 상상만 해도 아찔할 정도로 깊은 곳을 수시로 들락거리며 오물을 퍼내야 한다. 배가 볼록한 똥장군의 아가리 속으로 몇 번이고 코를 박아야 하고, 온종일을 들로 산으로 쏘다니며 토해내는 오물을 받아내야 한다. 덕지덕지 묻은 오물을 씻겨 줄 리도 없거니와, 고단한 몸을 눕힐 자리 또한 뒷간 구석이다. 더구나 마주치는 사람마다 코를 싸매고 도망치기 바쁘니 그 비통한 마음이야 오죽하겠는가.

　하기야 쌀바가지라고 다 편한 것만은 아니다. 부잣집에서야 넘쳐나는 쌀을 베게 삼아 뒹굴다가 그저 수북하게 퍼주면 그만이겠지만, 찌든 살림집에서는 끼니마다 쌀독 밑바닥을 입술이 부르트도록 박박 긁어 주고도 면박만 받는다. 부럽게만 보이는 쌀바가지도 제 가는 길 따라 각기 신세가 다르듯, 똥바가지라고 절망만 있으라는 법은 없다. 구린내를 맡으며 한 됫박씩 오물을 퍼준 덕택으로, 제 새끼인 박 덩굴이 구덩이에서 쑥쑥 자라나는 보람을 똥바가지가 아니면 누가 알겠는가. 자식이 커가는 기쁨을, 뒤주 속에 들어앉은 쌀바가지가 어떻게 알리요.

한 배에서 태어나고 같이 자란 쌍둥이도 저리 다른 길을 걸어간다. 스스로 잘나서 쌀독으로 가고, 모자라서 똥통으로 간 것은 아니다. 그저 제게 주어진 길을 따라 묵묵히 긍정해 가고 있을 뿐이다. 바가지면 그냥 바가지이지 쌀바가지면 어떻고 똥바가지면 어떤가. 불가에서는 '오늘의 나는 과거의 인연에 의해 쌓인 우연한 결과물'이라고 한다. '만물의 형상은 고정된 것이 아니고, 지금 이 순간에 각각의 모습으로 보이는 것'일 뿐이라는 것이다. 둘은 쓰임새가 다를지언정 '바가지'라는 본질은 다르지 않다. 전혀 다르게만 보이는 두 개가 하나에서 나왔듯, 본래 똥바가지, 쌀바가지가 따로 정해져 있었겠는가.

더러는 구린내도 맡아가면서 사는 것이야, 우리네 인생사라고 별스레 다를 바 없지 않은가.

뚜루루루 뚜루루루

 사람이 낯설어서일까. 부지런히 논바닥을 헤집던 두루미가 고개를 치켜들고는 경계를 한다. 제법 먼 거리임에도 이방인의 달갑지 않은 방문임을 알아차리니, 더욱 조심스러워진다. 몸을 낮추고 한참을 기다리고서야, 두루미는 다시 지푸라기를 뒤적이며 낟이삭을 찾기 시작한다. 검은 끝동이 달린, 하얀 두루마기를 걸친 기품 있는 모습이다. 머리에는 붉은 관을 쓰고, 추울세라 새까만 목도리를 둘렀다. 흑백이 잘 어울려, 보는 것만으로도 고고한 품위가 느껴진다. 멀리서도 단번에 드러나는 당당한 위풍을 보니 군계일학이라는 말이 저절로 떠오른다.
 두루미는 '뚜루루루 뚜루루루'라고 우는 데서 유래한 순우리말이다. 한자로는 학이라고 하고, 머리의 피부가 붉다고 해서 다르게는 단정학이라고도 부른다. 시베리아 부근에서 여름을 보내고 겨울이 되면 남쪽으로 내려오는 철새로, 세계적으로도 희귀한 새이다. 주로 가족 단위로 습지 근처에서 생활하는데, 강의 모래톱처럼 외진 곳에서 잠을 자거나 휴식을 취한다.

  도가에는 '정영위라는 사람이 도를 깨우친 뒤 학이 되었다.'고 하는 이야기가 전한다. 이처럼 옛사람들은 학을 현세의 동물이라기보다는, 인간의 영역을 벗어난 신령한 존재로 생각했다. 학이 천 년을 살면 푸른색의 청학이 된다고 한다. 그런 청학이 머무는 곳을 청학동이라 하여 대단히 신성시했다. 청학이 다시 천 년을 살면 검은색의 현학으로 되어, 생사의 경지를 초월한 불사조가 된다. 선인이 인간 세상으로 타고 내려온다는 선학은, 이상향인 무릉도원과 무간지옥 같은 현실 세계를 연결해주는 매개체이기도 하다. 그런 연유로 사람들은 두루미를 경외하고 상서롭게 생각한다. 두루미처럼 오래 살려면 탐심을 버리고 마음을 비워 어질게 살아야 한다고 믿었다. 두루미를 보면 행운과 행복이 찾아오고, 부부가 평생을 해로한다는 생각 역시 같은 의미일 것이다. 십장생, 베갯모, 상감청자와 같이 늘 우리 곁에 있었고, 문관의 흉배나 선비의 학창의는 고상한 기품과 깨끗한 지조의 표상이었다.

  두 마리의 두루미가, 줄줄이 늘어선 비닐하우스 사이의 자투리 논에서 놀고 있다. 겨울이지만, 이곳은 시설작물 재배로 한창 바쁜 시기다. 농사일하는 사람과 차들이 시도 때도 없이 지나다닌다. 그런데도 용케 사람을 알아보는지 이곳에서 일하는 사람들은 웬만큼 접근해도 모르는 체한다. 사람과의 부대낌에 어느 정도 익숙해지기라도 한 모양이다. 인적이라고는 없는 별천지에서 놀아야 할 두루미가 무엇 때문에 인간의 땅에까지 왔을까. 두루미의 영역인 강의 모래톱과 습지가 없어져 버렸으니, 오갈 데가 없어진 두루미가 사람 사는 세상으로 내려와 눈칫밥을 먹고 있는 것이 아닐까.

신화시대의 그리스 소녀 아라크네는 '베 짜는 기술'만큼은 자기가 신보다 우월하다고 생각했다. 자신을 맹신한 그녀는 오만하게도 신에게 도전했다가, 지혜의 여신인 아테나의 분노를 사고 말았다. 제 처지를 망각한 대가로 그녀는 영원히 거미로 살아가는 운명이 되어버렸다. 지금 우리의 처지도 아라크네와 별로 다를 바 없지 않을까. 자연에 대한 경외가 있어야 할 인간의 마음은, 섭리를 지배할 수 있다는 오만으로 가득 차 있다. 모든 구성원의 공존영역이 되어야 할 습지를, 인간만의 쾌락을 위한 놀이터로 바꿔버렸다. 이런 인간의 오만한 도전을, 아테나는 두루미의 처지를 빌어 시퍼런 경고를 전하고 있는지도 모른다. 인간의 편의와 먹을거리를 위해 파헤쳐버린 자연의 한 부분이, 돌이킬 수 없는 재앙으로 되돌아올 수 있음을 우리 자신도 이미 잘 안다. 다만 '신'보다 더 두려운 '현실' 때문에 멈추지 못할 뿐이다.

한가롭던 두루미가 다시 목을 치켜들고는 경계를 한다. 멀기는 하지만 계속해서 나를 의식하고 있었던 모양이다. 두루미와 눈이 마주쳤다. 서글서글한 눈동자가 나를 원망하는 듯해서 고개를 돌리고 만다. 모니터의 전원은 왜 끄지 않고 나왔느냐, 자동차는 왜 그렇게 빨리 달렸느냐고 질책이 담긴 눈빛이다. 사무실은 무엇 때문에 대낮처럼 밝게 하며, 왜 내복을 입지 않느냐고 나무라는 듯하다. 당신의 마음 씀씀이 하나가 '나를 본래 내가 놀던 곳으로 돌아가게 할 수도 있다.'고 말하는 것처럼 보인다.

두루미는 두루미의 영역에서, 인간은 인간의 땅에서, 각자의 처지대로 마음 편하게 살아갈 수는 없겠느냐고 하소연한다. 청학동은 아니어도, 강변의 모래톱만이라도 되돌려놓을 길이 정녕 없는지를 묻는 듯해서 가슴이 미어진다. 인간과 신의 경계에서 오갈 데 없이 방황하는 두루미의 울음소리가 더없이 서글픈 날이다.
 뚜루루루 뚜루루루.

폐허

 폐허 위에 서 있다. 흔적만 남은 옛 절터에는 개망초가 주인행세를 하며 길손을 맞이하고 있다. 산 아래 구형왕의 돌무덤을 거쳐 온 바람이 망국의 아픈 기억들을 실어다 줄 때마다, 개망초는 허리를 굽혔다 펴기를 반복한다. 마치 사라져버린 왕국에 대한 애도의 조문처럼 하얗게 일렁인다. 왕릉의 수호사찰이었다고 전하는 이곳 왕산사지에, 망국의 꽃이라고도 불리는 개망초가 가득하다. 이 기묘한 조화가 세월의 우연일까, 역사의 필연일까.
 왕산. 금관가야의 마지막 왕인 양왕이 신라에 나라를 양도하고, 이곳으로 들어와 여생을 보낸 곳이라고 한다. 산 아래에는 왕릉이라고 알려진 전傳 구형왕릉이 있고, 산 위에는 왕대가 있어서 붙여진 이름이다. 비록 고증적 근거는 빈약하지만, 주변 곳곳에 널린 왕과 관련된 지명이나 흔적으로 미루어보아 과히 틀린 말도 아닌 듯하다. 나는 지금

왕산의 중턱에 있는 왕산사지에 서 있다. 과거의 흔적이라고는 부도 무리와 이곳이 절터였음을 알리는 안내판이 전부일 뿐이다. 첩첩산중 지리산 끝자락의 오지에는 깨어져 버린 망국의 허망한 꿈처럼, 주변에 흩어진 기와 조각들이 어지럽다.

 모든 것이 부서지고 스러져 버린 폐허의 흔적 위에서, 그나마 온전한 모습을 보전하고 있는 부도를 바라본다. 가만가만 부도가 기억했을 이야기가 들리는 듯하다. 역사의 저편에서 들려오는 한숨 소리가 서글프다. 망해버린 나라이었을지언정, 왕이 머물렀으니 얼마나 많은 백성이 고난을 겪었을까. 자기는 굶어도 왕은 배불리 먹여야 했을 터이고, 자신은 노지에 쓰러져 잘지라도 임금의 침소는 편안해야 했을 것이다. 어디 그뿐이었으랴. 임금을 보좌했을 벼슬아치와 군사들의 먹을거리며 옷가지는 누가 조달했겠는가. 거친 돌조각 하나하나에 스민 민중의 힘겨운 한탄 소리가 시공을 넘어 손끝으로 전해진다.

 밤이 길면 꿈이 많듯, 역사가 오래면 당연히 상처도 많은 법이다. 수없이 많은 왕국이 명멸해간 시간 속에서 이런 절터는 흔하고도 흔하다. 그 오랜 세월과 함께 찢어진 상처는 점점 아물어 가고, 이제는 아릿한 흉터를 보면서 옛일을 추억하는 정도라고나 할까. 흐릿해져 가는 부도의 글씨처럼 여기에 스민 한숨도 세월과 더불어 희미해져 간다. 수정궁, 약수, 토성에 이르기까지, 부근에 있었다고 전하는 유적들의 흔적도 더불어 역사의 저편으로 밀려간다. 기억은 시간을 따라 차츰 잊혀가는 것, 이 또한 세사의 한 부분이 아니겠는가.

 살다 보면 이런 역사의 그림자처럼, 삶의 아픈 흔적 하나쯤은 누구나 가지고 있기 마련이다. 오래전의 일이지만 망해버린 회사를 살려보겠노라고 밤낮없이 뛰어다닌 적이 있었다. 기업주가 자취를 감춰버린 회사였지만, 남은 사람의 임금이라도 챙겨볼 요량이었다. 군주를 위해 원치 않은 희생을 강요당했을 백성들처럼, 노동의 대가를 착취당한 노동자의 억울한 심정이었다고도 할 수 있을 것이다. 지금 생각해 보면 지나친 집착이었지만, 그때는 그것이 내게 주어진 운명 같은 것으로 생각했다.

산을 거슬러 불어오는 바람에 개망초가 다시 하얗게 드러누웠다 일어선다. 깨어진 기와 조각 하나를 주워본다. 뭇사람들의 절절했던 고달픈 삶과 한숨이 보이는 듯해서 가슴이 먹먹해진다. 폐허를 바라보는 이 자리에서, 이제는 깊숙한 곳에 묻어 두었다고 여겼던 마음의 상처가 아릿하게 되살아나는 것은 왜일까. 그것은 이 허망한 공터에서 '돌이킬 수 없는 것에 대한 아픔'을 보았기 때문이다. 거기에 내 삶터조차 지켜낼 수 없었던, 허무한 열정이 입은 상처가 덧칠하듯 더해진 탓이리라.

수필가 백남오 교수는 《엄천골, 그 황홀한 폐사지의 자유》에서 '황량한 폐사지에서 내가 느낀 것은 자유이고 희망이다.'라고 했다. 그는 폐사지에서 '철저히 부서지는 데서 재창조가 일어난다.'는 희망을 보았는데, 나는 오늘 이 거친 폐허에서 아직도 아물지 않은 내 상처를 다시 들춰보면서 씁쓸해한다. 한때는 절대적인 가치라고 생각했던 의미나 생각도 언젠가는 변할 수 있다. 망국의 슬픔이 세월 속에서 희미해져 가듯, 내 마음의 상처도 조금씩 삭여가야 할 때임을 느낀다. 이제는 마음의 자유와 희망을 재창조해야 하는 때가 온 것일지도 모른다.
　폐허의 끝자락에서 솟아나는 유의태 약수 한 모금이 꿀맛같이 달콤하다.

봄날

싸움판이 벌어졌다. 오가는 이조차 드문 시골길의 자투리 공터에서 장끼 두 마리가 건곤일척의 승부를 겨루고 있다. 세상에서 제일 재미있는 것이 불구경과 싸움구경이라고 하지 않았던가. 다시없을 볼거리를 놓칠세라 길섶에다 차를 세운다. 재빨리 카메라를 꺼낸 다음, 편안한 곳에 자리를 잡고 싸움구경을 시작한다.

누군가가 싸움의 절반은 기세라고 했다. 저들도 본능적으로 그것을 아는지 무대 위에서는 기 싸움이 한창이다. 머리를 낮추고 고개를 앞으로 내밀었다. 목깃을 빳빳이 세운 채 매섭게 노려본다. 양 날개를 약간 처지게 벌려 허세 섞인 몸짓으로 상대를 위협하는 것도 싸움의 전술이다. 좌우로 빙빙 돌면서 서로의 허점을 찾는가 하더니, 접근해서는 응수타진이라도 하듯 마주 솟아오른다. 부리로 볏을 쪼는가 하면, 날카로운 발톱을 부딪기도 하면서 벌이는 탐색전이 사뭇 흥미롭다.

싸움에 임하는 당사자야 어떨지 몰라도, 구경꾼에게는 투사의 화려한 차림새도 눈요깃감이다. 번식기를 맞아 눈 주위의 볏은 울긋불긋 더욱 선명하게 커졌다. 푸른색과 흰색이 어울린 목도리 깃이 햇빛을 받아 장군의 갑옷처럼 번쩍번쩍 빛난다. 몸통만큼이나 기다랗고 알록달록한 꽁지를 높이 치켜든 자태 또한 사뭇 당당하다. 본격적인 싸움이 시작되려나 보다. 한 마리가 훌쩍 날아올라 상대방을 덮친다. 쉬이 당할 수 없다는 듯, 거의 드러눕다시피 하면서 맞대응하는 이쪽 역시 만만치 않다. 공중에서 맞부딪히는가 하면 지상에서 치거니 받거니 이어지는 실랑이가 자못 살벌하다.

장끼가 죽을 둥 살 둥, 이처럼 처절하게 싸우는 것은 산란기를 맞은 까투리들이 선호하는 좋은 자리를 차지하기 위해서다. 이들의 싸움은 시간과 장소를 따지지 않는다. 암컷을 위해서라면, 언제 어디서건 목숨을 건 혈투를 벌인다. 몇 해 전 이맘때쯤이었다. 고속도로를 운행하는 도중, 중앙분리대 위에서 승부를 겨루고 있는 장끼 두 마리가 눈에 들어왔다. 앞뒤에서 차들이 씽씽 달리는 터라, 속도를 늦추지 못하고 그냥 지나치려고 했다. 하필 그때 난투극을 벌이던 한 마리가 날아오르다가 내 차의 앞유리에 부딪히고 말았다. 그 아찔하고도 당황스러운 느낌은 지금도 머릿속에 또렷이 남아있다. 죽음도 불사하는 그들의 투쟁이 지금 이 자리에서 재현되고 있기에 한편으로는 섬뜩하기도 하다.

장끼들의 싸움이야 일 년에 한 철뿐인 대물림을 위한 원초적 싸움이지만, 사람들의 싸움은 그 궤를 달리하는 경우가 대부분이다. 나 역시 오늘 아침나절에 싸움이라고 할 만한 언쟁이 있었다. 결재를 바라는 나와 막무가내로 버티는 업체와의 실랑이가 결국 막말까지 오가는 싸움으로 변하고 말았다. 그것으로 다른 것을 해결하려 했던 나의 계획이 엇나가게 되어 언성을 높여 버리고 만 것이다. 나의 다급함을 몰라주는 상대방이 몹시도 서운했다. 나는 내 사정만 이야기하고, 상대는 또 자기 사정만 생각하다 보니 다툼이 생긴 것이다. 전화기를 던지듯 내려놓고 통화를 끝냈다. 어차피 열불을 낸다고 해결될 일도 아닌데 순간적인 화를 참지 못하고 만 것이 내내 마음에 걸린다. 다시 거래해야 하기에 더 껄끄러운 것이다.
　드디어 전세가 한쪽으로 기울었다. 서로 죽일 듯이 한참을 치고받으며 싸우더니, 한 녀석이 힘에 부쳤는지 도망을 간다. 이긴 쪽은 한동안 뒤를 쫓아가다가 우뚝 서서는 도도하게 고개를 치켜들고 사방을 둘러다 본다. 승자의 기분을 만끽하는 것이리라. 패자는 미련 없이 다른 곳으로 떠나버린다. 승자든 패자든 결과에 깨끗이 승복하는 모습이 다시 나를 돌아보게 한다. 최선을 다했기에 수긍도 쉬운 것일까. 사람의 다툼도 이처럼 뒤끝이 없으면 얼마나 좋을까. 아직도 앙금의 자투리를 버리지 못하고 있는 나를 생각하니 기분이 씁쓸해지고 만다.
　싸움구경은 끝났지만 어쩐지 자리를 떠나지 못하고 서성인다. 긴장이 풀려 나른해진 무대에서는 봄 아지랑이가 아른아른 피어오른다. 나는 어째서 사소한 다툼조차 마음에서 들어내지 못하는 것일까. 장끼처럼 무슨 본능적 싸움도 아니고, 까짓 결재야 하루 이틀 늦어지면 어떻다고 그런 심한 막말까지 오갔을까. 조금 더 상대의 사정을 헤아려주려고 생각했으면 좋았을 것을 말이다. 언제 싸움이 있었느냐는 듯 고요

봄닐　175

해진 무대를 바라보며 혼자 자책하고 머쓱해 한다.

알싸한 봄바람이 코끝을 간질인다. 마치 치졸하다고 나를 놀리는 듯 살랑거린다. 내일 출근해서는 사과의 전화라도 해야겠다. 가슴 한구석에 납덩이처럼 남아있던 응어리가 한결 가벼워진다.

건넛산에서 내지르는 장끼의 홰소리가 우렁차기도 하다.

덕항산

 숨소리가 점점 거칠어진다. 처음 산행을 시작할 때의 즐거운 기분은, 물 흐르듯 흐르는 땀방울과 함께 흘러내린 지 오래다.
 당장 눈앞에 아득히 늘어선 계단을 올려다보니 한숨이 절로 나온다. 한 발짝, 두 발짝 오르고 또 오르는 것 외에는 달리 방법이 없기에 그저 오를 뿐이다. 힘에 겨워 잠깐 쉬고 있으니 어떤 이가 슬쩍 앞질러 간다. 별스레 힘들어 보이는 기색도 없이, 참 쉬이도 간다. 어찌 저리 쉽게 오를까, 부럽기만 하다. 한숨을 돌렸으니 다시 힘을 내어본다. 하나, 둘 계단을 헤아려가며 불끈불끈 내 짚어 오른다. 계단 가장자리에서 숨을 헐떡이며 쉬고 있던 이가 스쳐 지나는 나를 부러운 듯 쳐다본다. 그이가 보기에도, 내가 참 쉽게 가는 것처럼 보일까. 괜스레 궁금증이 일어난다.
 산행은 앞서거니 뒤서거니 정해진 순서가 없는 것이 우리네 사람살이와 참 닮았다. 출발이야 한참이나 내가 먼저 했겠지만, 저이는 나를 앞질러 간다. 산길에서 나태한 걸음이 없듯, 인생살이도 대충 살아가는 사람은 없다. 모두 나름대로 열심히 살지만 조금씩 다르게 주어진 조건과 동기에 의해서 길이 어긋나기도 하고, 돌아가기도 하며, 더디거나 빨리 가기도 하는 것 아니겠는가.

 바람이 시원해지는 것으로 보아 조금만 더 가면 능선에 오를 수 있겠다. 이럴 때는 언제 그랬냐는 듯이 발걸음이 가벼워진다. 캄캄한 어둠 속에서 발견한 한 줄기 빛이 희망의 시작이듯, 콧등을 스치는 달콤한 바람에서 새로운 힘을 얻는다. 드디어 능선, 전망 좋은 널따란 바위 위에서 맛보는 시원한 공기는 상쾌하기 그지없다. 팔을 벌려 하늘을 안아 본다. 발아래 펼쳐진 환선굴과 천길 벼랑을 굽어보니, 가슴이 탁 트인다. 산은 힘에 부쳐 포기하고 싶은 생각이 간절해질 때쯤이면, 등성이를 내밀어 거친 숨과 지친 몸을 달래준다. 온갖 일들이 비일비재한 삶에서 어찌 고통이 없으며, 즐거움인들 없겠는가. 바르면 바른대로, 굽으면 굽은 대로 질곡의 봉우리 하나하나가 삶을 일깨워 주는 작은 등마루인 것을.

 산에 오르는 것은 언제나 힘겹지만, 오르막길만 있는 것은 아니다. 옆으로 뻗은 평탄한 길도 있고, 숲길도 있다. 한여름의 생기를 머금은 나무와 온갖 풀꽃들이 상큼한 인사를 건넨다. 노루오줌, 비비추, 바위채송화와 눈을 맞추며 걷는다. 잠깐의 평탄함을 시샘이라도 하듯, 또다시 절벽이 시꺼먼 괴물처럼 앞을 막는다. 정상을 향한 마지막 고비인가 보다. 난간에 의지한 채 힘겹게 계단을 넘어 정상에 올랐다. 여태껏 다

내뱉지 못해 가슴에 응어리진 들숨과 날숨을 마음껏 질러내며, 머릿속까지 하얗게 비워낸다. 누구나 나름의 노력과 열정으로 정상에 올라 성취와 극복의 희열을 맛본다. 산이 보여주는 정상이 명확하고 선명하다면, 인생사의 성취는 늘 작고 초라하다. 산에 올라 느낀 희열이 평생 잊히지 않는 것이라면, 삶의 희열은 금방 퇴색되어 버리고 또 다른 욕망을 갈구한다.

 오르막이 있으면 내리막도 있는 것이 인지상정, 정상에서의 희열을 뒤로하고 이제 내려가야 할 시간이다. 산은 내리막과 오르막이 확실해서 좋다. 오르막의 힘겨움은 정상을 향해 감내하는 고통이요, 내리막의 즐거움은 목표를 이룬 뒤의 만족감이다. 어찌 되었든 오른 높이만큼은 내려가야 할 길이다. 오를 때는 도달해야 할 목표가 있어 기어이 올랐지만, 하산길이 길어지니 점점 지쳐온다. 무릎도 삐걱대고, 다리도 후들거린다. 내리막의 달콤함은 눈 녹듯이 사라져 버리고, 인생의 쓴맛처럼 고통만이 남은 길을 같이한다.

 무엇을 하든 편하기만 한 길이야 있겠는가. 힘겹게 오르는 때가 있으면 정상의 즐거움도 있고, 내려와야 할 때도 있음은 천고의 순리다. 목표를 향한 길에는 당연히 고통이 따른다. 다행히 작은 목표를 이루고 잠깐 즐거워할망정, 만족할 줄 모르는 것이 사람의 마음이다. 오늘 이것을 얻으면 내일은 저것이 갖고 싶다. 오르막과 내리막은 언제나 같이 온다는 것을 알고는 있지만, 인간의 욕심은 내림 길을 용납하지 못한다. 내가 가진 것이 항상 최고여야 한다는 욕망에 늘 허기져 한다. 더 큰 산에 오르기 위해서는 휴식이 필요한 법이다. 지친 몸으로는 산을 오를 수 없듯이, 삶의 더 높은 봉우리에 오르기 위해서는 큰 안목과 넓은 흉금을 갖추어야 한다. 오르막은 오르막이라서 힘들고 내리막은 그 끝을 알지 못해서 더욱 괴로운 것이 아니겠는가.

 이 언덕에 사는 특별한 제비꽃이 천리 길을 찾아온 길손에게 벙긋한 웃음을 보낸다.

다람쥐

하늘이 우중충하다. 장마가 시작되려나 보다. 비가 내리고, 식물이 자라서 열매를 맺고, 또 낙엽이 되는 것은 변함없는 순리이다.

노자는 인간의 인지 범위를 넘어선 거대한 법칙은 말이나 글로 표현할 수 없다고 했다. 자연은 말로 표현할 수 없는 불변의 법칙이 유형화되어 나타나는 현상인즉, '저절로 그렇게 된다.'라는 뜻으로 쓰이는 말이다. 누가 억지로 만드는 것이 아닌 스스로 나고, 자라는 것이 자연이라는 것이다. 뒤집어 보자면 어떤 예상치 못한 조건에서라도 거기에 맞추어 '진화하거나 도태되면서 적응해 간다.'라는 의미로도 해석해 볼 수 있겠다.

지난가을 설악산에서 만났던 다람쥐가 생각난다. 빤히 나를 바라보며 당당하게 먹을 것을 달라고 요구하던 모습이 눈에 선하다. 내가 계단을 오르면 다람쥐도 쪼르르 따라 오른다. 턱까지 찬 숨을 삭일 요량으로 잠깐 앉아서 쉬고 있으면, 주변을 왔다 갔다 하거나 두 발로 서서 손(?)을 내민다. 슬그머니 간식이라도 꺼내는 기척을 보이면 그들의 행동도 덩달아 격렬해진다. 사람을 무서워하고 피하는 것이 보통 다람쥐의 습성임을 생각해보면 상상하기 어려운 행동이다. 이런 모습이 귀엽다고 산객들은 초콜릿이나 사탕을 손 위에 올려놓는다. 단맛에 길든 다람쥐들은 사람의 손안이라고 해서 망설이는 법 없이 냉큼 집어간다.

다른 곳에 사는 동족들은 발이 부르트도록 여기저기 쏘다니며 먹이를 얻겠지만, 설악산의 다람쥐들이 터득한 방법은 장타령꾼처럼 사람 앞에서 구걸하는 것이다. 손만 내밀면 달콤한 먹을거리가 넘쳐나니 그들에게는 더없이 좋은 삶터가 아니겠는가. 사람들이 곁에 있으니 천적에게 해를 당할 염려도 거의 없다. 이것 참 환경에 잘 적응했다고 해야 하나, 아니면 사는 법을 바꾸었다고 해야 하는 것일까. 귀여운 다람쥐의 씁쓸한 재롱이다.

모든 사물은 서로의 관계로 엮여 있다. 그것이 우호적이건 적대적이건 간에 상대에 대한 작용을 전제로 하는 것이다. 다람쥐가 잃어버린 도토리에서 참나무 싹이 트고, 숲이 순환되고 하등생물들이 기대어 사는 것도 다르지 않다. 톱니처럼 맞물려 돌아가는 생태의 고리가 인간의 간섭으로 말미암아 불균형을 일으키는 것이 오늘날 환경재앙의 원인이다. 인간이 던져준 작은 사탕 하나가 생태변화에 큰 영향을 미칠 수도 있음을 알면서도 예사로이 여기는 까닭이다. 많은 것들이 예전과 같지 않다고 한다. 기후도 그렇고 사는 모습도 그렇다. 오랜 시간을 두고 저절로 바뀌는 것이 아니라, 인간의 편의주의 때문에 빠르게 그 궤를 벗어나고 있음은 누구나 다 알고 있다. 나 역시 알면서도 그만두지 못하는 것은, 그것에 편승해 조금이나마 편해 보고자 하는 얄팍한 마음이 더 크기 때문이다.

　마을 뒷산의 숲길을 걷는다. 호젓한 오솔길이다. 솔잎을 스치는 바람이 맑고도 청량하다. 아직은 사람의 손길이 덜 미친 곳이라 소란스럽지 않아서 좋다. 이곳에 서면 나는 참 행복한 사람이라는 생각이 절로 든다. 숲과 마주하고 호흡할 수 있는 곳이 가까이 있다는 것 자체가 즐거움이다.

　인간이 경제활동을 하는 한, 자연의 훼손은 불가피하다. 현실이 그렇다 해도 우리가 마음으로나마 걱정하고 조심한다면 조금 다른 결과를 만들 수도 있지 않을까. 무슨 거창한 선동이나 명분에 집착한 가식적인 구호가 자연을 되돌려 놓지는 못한다. 그저 애정 어린 눈길 한 번이 오히려 간절한 현실이다. 스님이 길을 갈 때 지팡이로 땅을 두드리며 걷는 이유가, 벌레나 곤충들이 위험을 알고 미리 피하라는 뜻이라고 한다. 쉬운듯하지만 이렇게 행동으로 보이는 관심이 서로에게 이익이 되는 현실적인 방법일 것이다.

　지금처럼 인간주도의 생태는 그 변화가 급격하다. 동물이나 식물들이 환경에 맞추어 유전자를 진화시키기에는 턱없이 부족한 시간이다. 그러기에 한번 파괴된 생태는 되돌리기 힘든 것이다. 숲에 기대고, 자연에서 즐거움을 찾는 데에는 약간의 불편이 따른다. 인간관계도 마찬가지 아닌가. 내가 조금 물러섬으로써 서로가 편안해진다. 생태와 인간의 관계라고 별다르지 않다. 약간의 배려로 서로에 도움이 되는 스님의 지팡이처럼, 내 마음에도 느긋한 지팡막대 하나 만들어야겠다. 이 지팡이가 여럿이 어우러져 사는 자연의 식구들이, 급변하는 환경에 적응할 수 있는 시간을 조금이나마 벌어줄지도 모르는 일이다.

  맑은 숲길을 걸으며 '다람쥐' 노래를 마음 편히 흥얼거릴, 그런 날이 오기를 기대하면서 보이지 않는 마음의 막대기를 가다듬어 본다.

고구마 캐는 날

오늘은 고구마를 캐는 날이다. 아침부터 무슨 대단한 농사꾼이라도 되는 것처럼 부산을 떨며 장갑을 챙기고 토시를 찾는다. 마치 전투에 나서는 군인처럼 무장하고서는 고구마밭으로 향한다. 말이 쉬워서 밭이지, 손바닥보다 조금 넓은 정도의 텃밭이다. 도시살이하는 우리가 농사일에 무슨 도움이 될까마는, 얼굴이나 한번 보자는 큰형의 제안으로 온 식구가 모이는 것이다.

도심에서 멀지 않은 밭에 도착하니 부지런한 작은형이 먼저 와서 고구마의 줄기를 걷고 있다. 사나흘 정도 밤 기온이 뚝 떨어지더니 벌써 이파리가 시들해진 것이 계절의 변화를 실감하게 한다. 고구마를 파는 작업이야 더없이 간단하다. 줄기를 걷고, 괭이나 호미로 고구마를 캐내어서는 한군데로 모은다. 흙이며 잔뿌리를 대충 손질하고 크기별로 종이 상자에 나누어 담으면 끝이다. 말로만 하자면 아주 간단한 작업이지만, 세상일이 어디 말대로만 되었던가. 아니나 다를까 고구마 이랑에다 당차게 호미를 찔러 넣은 첫 순간부터 일은 틀어지고 말았다. 여름 내내 계속된 가뭄으로 흙은 돌덩이처럼 굳어있고, 고구마 뿌리는 땅속으로 깊숙이 파고들었다. 서툰 일꾼이 겨우 파낸 고구마의 절반은 부러지고, 흠집투성이 인지라 말 그대로 상처뿐인 수확이 되고 말았다.

날고구마 하나를 집어 들었다. 밭두렁의 풀에다 껍질을 쓱쓱 문질러 대충 흙을 털어내고는 한 입 베어 물어본다. 아삭한 질감과 달콤한 육즙이 추억의 맛이 되어 입안에서 맴돈다. 어린 시절의 춥고도 긴 겨울은 언제나 고구마와 함께였었다. 새벽잠에서 깨면 머리맡에는 항상 고구마 소쿠리가 놓여 있었다. 밥의 절반은 고구마였고, 고구마죽으로 끼니를 대신하는 경우도 허다했다. 아궁이에서 노릇하게 익은 군고구마를 꺼내어 껍질을 벗길 때 풍기던 달콤한 냄새는 또 어떠했던가. 찌고 말려 단단해진 고구마를 이가 아프도록 씹었던 기억도, 썰어서 지붕이나 언덕에 널어놓았던 절간고구마의 하얀 풍경도 아련하기만 하다.

올해는 고구마 꽃이 유난히도 많이 피었다. 열매로 번식하는 식물이 아니라서 생장 상태가 좋으면 꽃을 피우지 않는데, 이번 여름은 원체 가물었던 모양이다. 웬만큼 농사를 짓는다는 사람도 고구마가 꽃을 피운다는 사실을 잘 알지 못하는 경우도 있다. 고구마는 멕시코 부근의 중남미가 원산지로, 신대륙 발견 후 유럽으로 전해진 다음 전 세계로 퍼져 중요한 구황식물이 되었다. 우리나라는 대마도에서 종자를 구해다가 제주도에 심었던 것이 재배의 시초라고 한다.

요즈음 들어서 고구마를 찾는 사람이 부쩍 늘었다고 하니, 세태가 참 많이도 변했다는 생각이 든다. 열량이 낮은 데다 섬유질이 많아서 포만감이 있다 보니 다이어트를 하는 현대인들이 좋아한다는 이야기다. 배가 고파서가 아니라 건강을 위해서 먹는다고 하니, 내가 알고 있는 고구마와는 완전히 다른 용도인 셈이다. 나는 사실 객지 생활을 시작하고부터 고구마를 거의 먹지 않았다. 가난에 쪼들린 과거의 기억을 돌이키기 싫었던 탓일지도 모른다. 사카린을 넣어 달콤했던 고구마죽도, 김장 김치나 동치미 국물을 곁들여 먹였던 겨울밤의 고구마도 돌아보기조차 싫은 과거의 단편일 뿐이었기 때문이다. 아직도 방귀 대장으로 나를 기억하는 외사촌 동생의 놀림도 이유라면 작은 이유가 될 것이다.

어스름해질 무렵에야 수확이 끝났다. 모처럼 삼남 일녀의 형제에다 고종사촌까지 한자리에 모여 앉았다. 상처 나고 부러진 것을 우선 삶고, 성한 것들은 상자에 담는다. 여기저기 지인에게 나누려는 것이다. 예전 같으면 씨알이 굵은 것이 우선이었겠지만 그게 아닌 모양이다. 손가락 두어 개를 합친 정도의 날씬한(?) 것이 먹기에도 좋아 최상품으로 친다고 한다. 삶은 고구마를 먹으며 어린 시절로 돌아갔다. 모락모락 김이 나는 고구마에 김치 한 조각을 죽 기다랗게 찢어 얹는다. 내가 알지 못했던, 막내인 나보다도 더 절박했을 고구마에 대한 각자의 아린 이야기 껍질을 벗겨가면서.

곧 겨울이 닥칠 것이다. 바쁘다는 이유로 형제들과 자주 만나지 못하는 것이 요즘 사람들의 생활이다. 고구마를 수확한다는 그럴듯한 핑계로 오랜만에 한자리에 모인 형제들의 얼굴에 웃음꽃이 피었다. "좀 더 가져가라."고 무작정 퍼주고 챙겨주는 형제들을 보니 '피를 나눈 형제'라는 말이 새삼 느껴진다. 때로는 다투고, 때로는 불평도 하지만 영원히 바뀔 수 없는 것이 '형제'라는 엄연한 사실 아니겠는가. 어쩌면 오늘 밤은, 이부자리를 나란히 하고 누운 고구마 사형제가 키득거리고 있는 꿈을 꿀는지도 모른다.

갯버들

 갯버들이 돌아왔다. 갈가리 찢기고 낱낱이 파헤쳐져 강제로 내쫓겼던 마을 냇가의 갯버들이 다시 돌아왔다.
 아직은 귓불이 따끔거릴 정도로 바람이 차가운 강변의 산책길을 걷는다. 유달리 건강을 챙기는 요즘 사람들의 구미에 맞추어서 동네 앞을 흐르는 하천에도 산책로가 만들어졌다. 개울을 따라가며 만들어진 강변길은 말 그대로 깨끗하게 정비되어 있다. 강둑에서 갯버들이 빨간 꽃망울을 터뜨리는 것을 즐기며 살았던 나로서야 별로 달가울 것이 없는 길이다. 공사를 이유로 터전에서 쫓겨났던 토박이 식물들은 마음이라도 상했다는 듯 한동안 소식조차 없었다. 그들과의 추억을 곱씹으며 애달파하는 내 기다림을 알기라도 한 것일까. 드디어 오늘, 수줍게 볼을 붉히고서 나를 바라보며 배시시 웃고 있는 갯버들을 만났다. 저녁나절 역광으로 드러나는 보드레한 꽃망울이 마치 새색시의 미소처럼 화사하다.

 멀쩡한 자연하천을 생태하천(?)으로 가꾼다면서, 풀뿌리 하나 남기지 않고 송두리째 뒤집어 놓았다. 붙박이로 자라던 나무와 풀, 웅덩이에서 살아가던 물고기와 수서곤충들은 철거민 신세가 되어 나앉았다. 지천으로 널렸던 자갈을 퍼내어 바닥을 고르더니 시멘트로 떡하니 물막이를 만들었다. 흙을 쌓아 만든 둔치의 그 허허로운 공터에는 굴러 온 돌 격인 달맞이꽃과 돼지풀이 주인행세를 한다. 사람과 식물이 자연스럽게 어우러지던 자연 하천을 깨끗하게 밀어놓고서는 이것이 생태하천이라고 버젓이 내세운다. 이것 참 웃어야 할지 울어야 할지.

 무시로 철새들이 노니는 개울을 만들겠노라고 물을 가두었지만, 몸을 숨기고 쉴만한 검불이 없으니 흔하던 오리들조차 자취를 감춰버렸다. 자투리에 오밀조밀하던 남새밭의 정겨운 모습도, 둑을 따라 기어오르며 온 밤을 하얗게 지새우던 하늘타리도 떠나 버리고 없다. 자갈 사이로 스며들었다가 어느 순간에 불쑥 나타나 졸졸거리던 정겨운 냇물 소리도 옛이야기가 되어 버렸고, 늦여름 밤하늘을 수놓던 반딧불이도 종적이 묘연하기만 하다. 활기라고는 없는, 그야말로 무미건조한 하천으로 변해버린 것이다. 작은 생명체들로 소란스럽던 강변은 사라져 버리고, 겉만 번지르르하게 정비된 산책길과 고인 물이 길을 잃은, 사람들만의 시내가 권태롭게 드러누워 있을 뿐이다.

 지난여름에는 몇 년 만에 큰비가 내렸다. 당연한 결과겠지만, 생태를 무시한 얄팍한 공사를 비웃기라도 하듯 바위를 쓸어가고 구조물을 허물어 버렸다. 한차례 폭우가 휩쓸고 간 뒤 넘치고 헝클어진 강의 상처를 보듬어 안고 찾아온 것은 다름 아닌 옛 주인들이었다. 사이가 벌어진 바위 틈새로 슬며시 뿌리를 내린 것이 갯버들이었고, 뒤집힌 흉터를 스스럼없이 덮어준 것이 달뿌리풀이다. 불행을 당한 고향을 위해 모든 허물을 덮어두고 되돌아온 것이다. 마치 삶을 달관한 도인처럼 애증의 상처를 오히려 위로하고 감싸주며 찾아와 주었다. 용서하고 잊어준다는 것이 어디 그리 쉬운 일이었던가. 겨울의 끝자락에서 만난 갯버들의 수줍은 미소는 어느 거룩한 성자의 손길같이 자애롭고 평화롭다.

사람들은 자연스럽게 이루어진 생태에 거리낌 없이 간섭한다. 무질서하다느니, 눈에 거슬린다는 이유를 들어가며 제 소유물처럼 바꿔놓는다. 지금 막 돌아온 이 갯버들의 운명도 다르지 않을 것이다. 하천의 수해 복구 작업이 시작되면 다시 밀려나야 할 운명임은 불을 보듯 뻔하다. 물 흐름에 방해가 된다고, 쓰레기가 걸린다는 맹목적인 구실로 다시 뽑힐 것이다. 어쩌겠는가. 이것이 사람의 논리고 방식인 것을. 우리의 미래에 결코 긍정적이지 않다는 것을 알면서도 어쩔 수 없이 바라만 보아야 하는 내 심정도 답답하기만 하다.

지금 시대는 자연과 함께하고 생태계의 일원으로 어우러져 산다는 것조차 쉬운 일이 아니다. 무엇을 하든 자연을 훼손하게 되는 것이 어쩔 수 없는 현실이다. 산업사회에서 필연으로 따라오는 폐해임에도, 그것을 되돌릴 수 없는 처지가 되어버렸다. 너무 익숙해져 버렸고 당연시하게 된 문명생활의 마법에 젖어버린 결과이다. 다시 돌아가기에는 너무나 멀리 와버린 것이다. '불의 발견으로 인류의 전성시대가 열렸다면, 전기 때문에 몰락의 길로 들어섰다.'라는 누군가의 이야기가 앙금이 되어 남는다.

　차디찬 계곡에는 도롱뇽의 동그란 알이 살아 숨 쉬고, 눈 속에서 변산바람꽃이 기지개를 켜며 고개를 내미는 곳이 내가 사는 마을이다. 생강나무가 산자락을 노랗게 물들이고 뽀송뽀송한 노루귀가 더없이 다정한 곳. 이 자그마한 시골 동네에서 오래도록 좋은 사람들과 어우러지고, 자연과 함께하고 싶은 것이 내 작은 욕심이다. 버들개지가 하늘거리는 마을 냇가에 손을 담가보고 싶다는 소박한 욕망조차도 분수에 넘치는 것일까. 갯버들의 자리는 그저 자그마한 돌 틈이면 넉넉한데, 사람들은 그것조차 그냥 두지 못한다. 한 그루 갯버들이 냇가에 휘늘어진들 그게 무슨 그렇게 대단한 일이라고.

돌아서야 할 때

 진달래 대피소를 나와 해발 일천구백 미터라는 이정표를 지난 지도 한참이다. 맑은 날이라면 벌써 정상에 도착하고도 넉넉할 시간이지만, 여전히 오도 가도 못 한 채 잔뜩 웅크리고만 있다. 한 걸음이라도 자칫 잘못 옮겼다가는 세찬 눈보라에 중심을 잃고 넘어지기가 십상이니 이러고 있을 수밖에. 잠시 전까지만 해도 두어 걸음 뒤에서 따라오던 아내는 어디쯤 있는지 보이지도 않는다. 그 역시 한 치 앞도 볼 수 없고, 한 발자국조차 옮길 수도 없는 곤란한 지경에 처해 있으리라. 정상이 바로 앞이라는 느낌이 강렬하게 다가오는데도, 본능은 여기서 그만 돌아서야 한다고 신호를 보내온다. 위험을 무릅쓰고라도 기어이 정상을 밟아야 할지, 아쉽지만 발길을 돌려야 할지를 몰라 망설이고만 있다.
 어쩌면 산다는 것 자체가 선택의 연속일지도 모른다. 역사를 좌우할 만한 커다란 것에서부터 무얼 먹을지, 무엇으로 소일할지의 사소한 일까지, 우리는 늘 무엇인가를 선택하면서 살아간다. 오늘의 산행 역시, 고심 어린 선택의 결과물이다. '상고대가 멋진 덕유산으로 갈까.' '하얀 능선이 고운 소백산으로 가야 하나.'를 고민하다가 내린 최후의 결정이 지금의 이 곤란한 현실이다. 지나온 역사라고 별스레 다를까. 세계에서 가장 과학적이라는 한글이, 성군의 탁월한 혜안으로 만들어 낸 선택의 결과물이라면, 막힘없이 자유롭게 흐르던 강줄기를 막아버린 것도 우리의 신중하지 못한 판단 때문이었다. 무엇인가를 선택한다는 것은 참 쉽지 않은 일인가 보다. 논어에는 이런 구절이 있다고 한다. '두 번 생각해서 옳다고 판단되면 행동해 볼 만하다.'

나는 어떤 선택을 하면서 살아왔을까. 그 결정이 늘 옳은 방향이었을까. 꼭 그렇지만은 않을 것이다. 때로는 잘못된 판단으로 고난을 자초했을 것이고, 또 어떤 때는 의외의 선택으로 쉬운 길을 만났을지도 모른다. 아이들의 공부를 닦달하지 않고, 지켜만 본 것은 잘한 것일까. 내일을 위한 안배보다는 산으로 들로 다니는 것을 즐기는 지금 나의 선택은 문제가 없을까. 만약 그 반대를 선택하였다면, 나는 또 어떤 모습으로 살고 있을까.

어렴풋이 동행의 모습이 보인다. 포기하지 않고 이 어려움을 기어이 같이하듯, 결코 순탄하다고만은 할 수 없는 내 삶의 동반자이기에 그저 고맙기만 하다. 나도 두어 걸음을 더 옮긴다. 바윗길이 끝난 것인지 자갈이 발에 밟힌다. 눈보라가 더욱 거칠어진다. 손끝이 아려오고, 눈썹에 쌓인 눈이 앞을 가린다. 한걸음 떼어볼 요량으로 허리를 펴다가, 바람에 떠밀려 겨우 난간을 붙잡고 멈췄다. 이럴 때는 몸무게라도 좀 더 있으면 좋겠고, 등산 가방이라도 더 무거웠으면 좋겠다는 생각이 절로 든다. 앞뒤를 살펴보아도 오가는 사람이 없다. 앞서거니 뒤서거니 하며 같이 산을 오르던 사람들은 다 어디로 간 것일까. 슬그머니 불안이 몰려온다. 이러다 여기서 길이라도 잃어버리는 것이 아닐까. 자칫 바람에 휩쓸려 저 아득한 낭떠러지 아래로 날려가 버리지는 않을까. 온갖 상념이 머릿속을 어지럽힌다.

  다시 힘을 내어 걸음을 내딛으려는데, 뒤에서 슬쩍 가방을 당긴다. 그만 포기하자는 이야기다. 정상이 코앞인데도 그만하자고 한다. 모른 체하고 슬그머니 걸음을 옮겨 웅크리고 있으니, 이내 한 걸음을 따라붙는다. 다시 돌아서자고 신호를 보낸다. 하기야 여기서 그만하자고 종용하는 그 마음인들 오죽할까. 한걸음 앞의 상황을 모르니 무작정 억지만 부릴 수도 없는 형편이다.

  역시, 갈등의 순간에는 뭔가 동기부여가 있어야 하는가 보다. 어떻게 해야 할지를 망설이는 차에 위쪽에서 어렴풋이 인기척이 난다. 조심스레 내려오는 그이도 힘에 부치나 보다. 서너 걸음 내려오는데도 한참이나 시간이 걸린다. 나도 반갑지만, 그이도 반갑기는 마찬가지인 듯하다. 대뜸 고개를 내저으며 "돌아가는 것이 좋겠다."라고 한다. 정상이 어딘지 보이지도 않을뿐더러, 길조차 알아볼 수가 없다고 한다. 노루 꽁지만큼 이었지만, 그나마 남았던 기대마저도 흩어져 버리는 순간이다.

  아쉬움을 접고 돌아섰다. 기어코 그리우면 또 오면 되겠지. 흘깃 되돌아본 한라산에는 아직도 눈보라가 거세다. 어떠했을까, 끝까지 올랐으면. 정복의 기쁨이 남았을까. 돌이킬 수 없는 후회가 남았을까. 정상의 문턱에서 돌아서 버린 선택의 결과야 누구도 알 수 없는 것. 내 선택에 후회가 없으면 그만일 것이다.
  삶은 언제나 선택이라는 것. 그 어떤 선택에도 정답이 없다는 것. 그것이 현실을 살아가는 사람들의 일상이 아니겠는가.

낯선 길

 울울창창한 숲 속에서 무작정 헤매고 있다. 탐방로를 걷다가 나도 모르게 길이 아닌 곳으로 들어서 버린 모양이다. 여기가 어디쯤일까. 하늘조차도 보이지 않는다. 광활한 벽소령의 낯선 골짜기를 정처 없이 걷고 있는 나 자신이 바보스러워 보인다. 처음에는 곧 길을 만나겠거니 하면서 느긋했던 마음도, 시간이 지날수록 점점 조바심이 난다. 출발할 때부터 우중충했던 하늘이 한바탕 비를 쏟아부으려나 보다. 구름이 골짜기로 밀려 내려와, 서너 걸음 앞조차도 가늠할 수가 없다. 거기에다가 길까지 잃어버렸으니 계속 움직이기는 무리인 듯하다. 안전하다 싶은 곳을 찾아 간단히 쉴 곳을 마련하고는 등산 가방을 풀어버리고 만다.
 우두커니 산중에 혼자 앉았다. 더욱 짙어진 운무 탓에 바로 앞에 서 있는 나무가 유령처럼 흐릿하다. 외로운 산행을 같이해 주던 산새 소리도 어느새 사라져 버렸다. 나뭇잎을 스치는 거친 바람 소리가 호곡처럼 귓전에 맴돌고, 구름은 괴기스럽게 몰려다닌다. 전화기의 신호조차 잡히지 않으니 꼼짝없이 미아 신세가 되어버린 셈이다. 방향을 분간할 수 없는 낯선 산중에 멀거니 눌러앉아 있으니, 온갖 상념들이 머릿속을 헤집는다. 불안과 두려움, 초조와 공포라는 느낌이 마음속에서 스멀거리며 기어오른다.

한심하고도 기막힌 일이다. 이런 곤란한 지경에 이르고 나서야 잘못 들어선 길을 후회하고 있다. 길이 아니라고 느꼈을 때 되돌아 나갔으면 되었을 것을. 그도 아니면 중간쯤에서라도 하산했더라면 이렇게 혼자 쪼그리고 앉아서 오가지도 못하는 신세가 되지는 않았을 것이다. 잘 못 든 길인 줄은 알았지만 멈출 생각이 없었다. 턱없는 자신감이었을까, 자연을 경외하지 않은 오만이었을까. 무엇이 잘못되었든 간에 그 선택의 대가를 톡톡히 치르고 있는 셈이다.

길이란 무엇일까. 사람이 사는 곳은 물론이거니와 산중에도 길은 수없이 많다. 잘 닦여진 등산로도 있고, 별난 사람들이 좋아하는 샛길도 있다. 약초꾼이 다니는 그들만의 길이 있고, 짐승들이 다니는 은밀한 길도 있다. 모두 제 쓰임에 따라 길을 만들고 습관적으로 다닌다. 한번 만들어진 길을 좀처럼 벗어나려 하지 않는 것은 사람이나 동물이나 마찬가지다. 버릇한 그 길을 가면 빠르고 안전하게 목적지에 도달할 수 있다고 믿기 때문이다. 세뇌된 학습효과가 우리를 쉽고 편리한 길로만 가라고 관념을 고정해 모험과 도전의 마음을 지워버린 탓이다.

누군가는 길이 아니면 가지 말라 하고, 누군가는 대로로 가라고 한다. 고전에서 배우고 성현의 말씀에서 길을 찾으라 한다. 모두 잘 검증된 좋은 길로 가라고 하고, 옛사람들이 가르치는 대로 걸으라 한다. 사람살이에 어디 정해진 길이 있었던가. 저 하늘을 자유롭게 오가는 새들에게 어찌 정해진 항로로만 가라 하겠는가. 편안함과 안정을 원하는 사람은 잘 정비된 길을 갈 것이다. 개척과 실험 정신으로 가득 찬 사람은 평탄한 길을 거부한다. 두려움 없는 모험가들에 의해서 지구는 하나가 되었고, 미지의 세계를 끊임없이 탐구한 사람들의 노고로 오늘날의 풍족한 물질세계에 도달했다. 수많은 고전과 성현의 말씀은, 내가 가야 할 길의 끝이 어디로 향해야 하는지 그 등대로 삼으면 될 일이다.

처량하게 웅크리고 앉은 산중에 기어코 한바탕 소나비가 쏟아져 내린다. 차라리 비를 흠씬 맞으니 마음이 편해진다. 언제 다가올 것인지 모를 것에 대한 두려움이 그칠 것에 대한 희망으로 바뀐 것이다. 산중의 비야 늘 오락가락하는 것이 아니었던가. 요란스럽던 바람과 비의 드잡이도 끝이 보인다. 드디어 햇살이 비친다. 지루한 기다림과 조마조마했던 마음은 멀리 달아나 버렸다. 비 온 뒤 풀잎 끝에서 느껴지는 싱그러움에 가슴이 절로 트인다. 불안에서 벗어난 해방감에 숨을 크게 들이쉰다. 의도해서 이런 곳으로 들어선 것은 아니지만 부정할 수 없는 현실이라면 긍정할 수밖에. 오늘, 안갯속에서 가슴을 조인 것도 내가 자초한 길이다. 그러기에 예측하지 못한 결과까지도 온전히 내가 받아들여야 할 몫이 되는 것이다.

수많은 갈림길을 만나게 될 인생의 길 위에서, 잠깐은 방향을 잃을지라도 그 끝이 부끄럽지 않으면 될 일 아니겠는가. 누구는 넓은 길을 좋아하고 누구는 모험을 즐긴다. 내가 가려는 길이 아무도 가보지 않았던 미지의 길일지라도, 마음으로 즐거우면 그만일 것이다. 희망이라는 불빛은 초조와 불안의 끝자락에서 더욱 반짝이는 법이니 말이다.

앞날이 두려워 낯선 길을 나서지 않는다면 어찌 새로운 만남이 있겠는가. 처음 내딛는 발길이 불안하고 두려울지언정 열망과 기대가 있다면 모든 것을 벗어놓고 도전해 볼 일이다. 약간은 무섭고, 약간은 흥분되는 낯선 길로, 미지에 묻혀있는 새로운 세상을 찾아서.

어머니

1.

온 세상이 가슴 설레는 분홍빛으로 가득하다. 거리는 꽃놀이 나온 사람들로 북새통이다. 개울에 떨어진 꽃잎이 물길에 휩쓸리듯, 사람의 물결에 등이 떠밀려 벚꽃의 향연장으로 빠져든다. 울긋불긋 한껏 매무새를 부린 사람들 머리 위로 흐드러진 꽃들의 노랫가락이 구성지다. 참 요란스러운 봄맞이다.

길 건너 모퉁이 은행나무는 남모르게 슬며시 잎을 내민다. 휘황찬란한 등불 아래에 어우러진 색색의 유혹을 아는지 모르는지, 푸르죽죽한 단벌옷을 꺼내 입는다.

2.

꽃잎이 휘날린다. 꽃비가 내린다. 벚꽃은 지는 모습조차도 멋스럽다.

우수수 떨어지는 꽃비를 흠씬 맞는다. 대엿새 찬란했던 영화를 대물림이라도 하려는가. 새뜻하게 솟아오르는 잎들마저 새침데기처럼 도도하다. 무대의 주인공은 어디에서나 빛나는가 보다.
 길 건너 모퉁이 은행나무는 있는지, 없는지 눈에 띄지도 않는 꽃을 내민다. 마주하는 눈길이 오히려 쑥스러워 암수 나무 내외하며 멀찍이 떨어져 있다. 살가운 웃음이라도 한번 나누어 볼 것이지.

3.
 벚나무의 새까만 열매, 알알이 농익었다. 꽃들의 화려한 유희만큼 반겨주지 않는다고 길바닥에 얼룩무늬를 갈겨놓았다. 용심쟁이 어린애처럼 칭얼대며 온 세상에다 먹물을 끼얹었다. 관객이 찾아주지 않는 퇴역 배우의 고약한 심술이런가.
 길 건너 모퉁이 은행나무는 우두커니 한숨짓는다. 노란 꽃가루 마파람에 뿌려주던 그 임은 온다간다 소식조차 없는데, 속절없이 뱃속만 여물어 온다.

4.
 무성한 가로수가 그늘을 만들고 있다. 매미 소리마저 나른한 여름날. 듬성듬성 헌 이빨 빠지듯 잎사귀가 비어간다. 화장기 없는 민얼굴에는 주름살이 드러난다. 다 떨쳐내지 못한 지난날의 무게다. 그래도 벌레들에게는 단맛이 남았나 보다. 잎사귀 뒤에 기둥서방처럼 끈덕지게 달라붙었다. 지긋지긋하도록 질긴 인연이다.

길 건너 모퉁이 은행나무는 주렁주렁 새끼들을 업고, 이고 서 있다. 혼자 몸으로 먹이고, 입히고, 건사하느라 단내가 난다. 굳은살 배인 손으로 누런 머릿수건 벗겼다 돌려 두른다.

5.
잎 진다. 덕지덕지 벌레 먹은 옷 기워 입은 벚나무 잎이 진다. 구멍이 숭숭한 잎, 찌든 세파에 오그라진 잎. 퇴기 딴 서방 만나러 가듯, 찐하게 칠한 새빨간 립스틱이 볼까지 번졌다. 여치 소리 자지러지는 날, 바람에 몰려 나뒹굴고 있다. 세월의 허망함에 오금이 저려온다.

길 건너 모퉁이 은행나무, 하늘을 바라보고 있다. 잘 키워놓은 열매에 토실토실 살이 붙었다. 금빛 잎이 햇살에 나풀거린다. 소슬바람에 한 잎 두 잎, 여정의 짐을 풀어놓는다. 아침저녁으로 조잘조잘 오가던 여학생들 삼삼오오 퍼질러 앉는다. 어떤 잎은 그리운 이름으로 일기장에 꽂힌다. 또 한 잎은 홀로 어둠 속으로 걸어간다.

6.
모두 떠나 버렸다. 그을음 묻은 나무껍질에 새겨진 세월의 흔적만 볼썽사납다. 되돌릴 수 없는 그 봄날이 너무나도 그립다.

길 건너 모퉁이 은행나무에 기대어 본다. 꽃비 후두두 온몸으로 맞으며 우두커니 서 있던 이 나무. 언제까지나 샛노랗게 내 가슴에 곱게 물들어 있을 이 나무. 환청처럼 호미질 소리 들린다. 환상이듯 굽은 허리 두드린다.

7.
길 건너 모퉁이 은행나무는 천 년을 살아간다. 내 마음에 숨어 숨어서.

■ 작품 해설

자연의 이치와 인간적 삶
-강천 수필집 《고마리처럼》론-

문학평론가 하길남

1. 들어가면서

　우리가 잘 알다시피 문학 장르 중에서 사실의 문학으로 수필이 유일하다. 다른 문학 장르들은 허구가 허용되지만, 수필은 그렇지 못하다. 만약 허구가 들어가게 된다면, 그것은 이미 수필이 아닌, 자기 위장의 소설이 되고 말기 때문이다. 사실의 문학, 즉 수필은 작가의 삶 자체가 글의 대상이 되기 때문에, 말하자면 자전적 고백문학이 되는 셈이다.

　그래서 수필이론가 마이어(R.M. Meyer)는 '수필 속에서 작가는 가르치려고도 논증하려고도 하지 않는다. 교양 있는 사람들 틈에 있을 때처럼 이야기하려 할 따름이다.'라고 말하고 있는 것이다.

　오늘날 우리나라의 수필계를 돌아보면, 거의가 신변사에 관한 글이고, 꽃이나 풀, 달, 별 등 기타 자연을 소재로 한 수필들은 찾아보기 드문 것이 사실이다. 필자가 황소에 대해 수필을 쓰면서, 이 세상 모든 존재들에 대한 수필들이 활발하게 창작되었으면 좋겠다는 생각을 한 일이 있다.

신이 이 세상을 만들었다면, 사람은 신이 만들어준 이 세상 만물에 대해, 해석을 해야 할 것이 아닌가 하는 생각을 해보게 된다. 그렇다. 만물에 대한 해석, 그 노력이 바로 수필이 아니겠는가.

많은 수필가들이 자기 생활에 대해 글을 쓰고 있지만, 강천 수필가는 꽃 등 자연물에서 소재를 찾아 수필을 쓰고 있다는 점에서 다른 수필가들과 구별된다 하겠다. 자기 생활에 대한, 신변적 수필을 쓸 때도, 사물을 곁들이게 된다. 그렇게 써야, 자기가 쓰고자 하는 글에 대한 설명에 농도가 깊어질 것이기 대문이다.

젊은이들의 기상을 설명하면서, 노년의 쇠약한 모습이나, 쓰러져 있는 고목 등을 대비시키면 더 효과적이듯이 말이다. 이와 같은 관점에서 볼 때, 강천 수필가의 수필은 다른 일반적인 신변수필보다 필법에 있어서 훨씬 다양한 기량을 느끼게 된다.

그렇다고 해서 강천 수필가가 쓴 복합적 수필작법이 다른 일반 수필가들의 생활서정 수필가들의 생활의 단순 기술요법보다 우월하다고 단정적으로 말하기는 어려울 것이다. 그러나 표현의 다양성이랄까, 비유의 다양성 등을 고려해 본다면, 기법상 단연히 차별화를 실감할 수 있다 하겠다. 그런 까닭에 강천 수필을 이야기함에 있어, 일반 서정수필처럼, 삶의 긴 설명들을 인용해가면서 서술할 필요가 없겠다는 생각을 하게 된다. 말하자면, 화자풍의 수필에 맞는 틀을 찾을 수밖에 없게 된다. 그러한 틀을 몇 가지로 다음과 같이 구분해 본다.

2. 편의상 묘사와 삶의 의미, 표현미, 교훈, 깨달음, 비유, 유머, 행복론, 사회참여, 삶의 지혜, 행복론 등으로 나누어 보았다. 그런 후 이들 특성들을 묶어서 작품의 결론을 도출하는 방식으로 진행했다. 결국 이와 같은 특성들의 지향점에서 모아진 결론, 즉 총론이, 바로 이 수필의 해설이 될 것이기 때문이다.

앞에서 설명한 바와 같이, 화자는 일반적으로 자기의 삶, 그 이야기를 수필화한 것이 아니라, 꽃 등 자연물을 이야기하면서 거기에 결부된 인간적 삶의 형식을 대입하는 수법으로 써진 수필이기 때문이다. 이 특성에 맞추어 다음과 같이, 묘사나 작은 깨달음 등 항목별로 이야기를 전개해 가면서, 이 수필의 해석을 도출해 나가는 방식으로 화자의 수필을 해설해 보고자 한다.

(1) 묘사

고달픈 생을 살아오느라, 푸름 속에 구겨 넣었던 열정을 보란 듯 토해내는 늦가을의 저녁나절, 햇살도 참 고운 날이다.

—작품, 〈숲길〉에서

봄이 왔다. 나풀나풀 나비의 날갯짓이 가볍다. 제비꽃이 담장 아래서 수줍게 웃는 봄이고, 한 바구니 가득 냉이가 담기는 봄이다. 강 건너에서는 능수버들이 연둣빛 댕기를 드리우고 간들간들 가녀린 허리를 비비 꼰다. 살 깊은 강 흙에서 돋아난 풀들은 따사로운 햇살에 꿈을 키우고, 까치는 나뭇가지를 물어 나르느라 분주하다.

—작품, 〈낙동강의 할미꽃〉에서

꾸미지 않은 그리움이 마치 화장기 없는 민낯의 소녀처럼 수수해 보여서 더욱 정겹다.

하얀 그리움 하나를 건져냈다.

꿩 울음소리가 늘어지는 마을 뒷동산에도 누워본다.

그리움을 씹어본다.
-작품, 〈찔레꽃〉에서

처녀치마는 다른 풀꽃들이 잠에서 깨어나지도 못하는 이른 봄, 남몰래 수줍은 꽃을 피운다. 긴 치맛단을 가지런히 앞으로 모으고, 새하얀 나삼 저고리를 걸친 매무새는 애처롭기 그지없다. 비단 같은 머릿결은 한쪽으로 가지런히 돌려놓고, 살짝 연보랏빛 볼연지를 찍었다. 그 웅숭깊고도 새뜻한 모습을 본다면 누구라도 그냥 지나칠 수 없을 것이다.
-작품, 〈처녀치마〉에서

인적 없는 산중에서 세상을 굽어보며 고즈넉하게 주어진 대로의 삶을 살아간다. 고독을 즐기는 철학자의 모습이 이러할까. 이상향을 추구하는 구도자의 그림자가 저러할까.

천근같이 무거웠던 마음도, 험한 말을 하던 고객의 성화도 다 삭여가는 중이다. 산중의 벼랑머리에 서서, 하늘을 안고 파란 바람을 마시며, 세상을 잊어가고 있다.
-작품, 〈돌양지꽃〉에서

고단한 삶에 맺힌 멍울을 이리저리 뒤집어가며 방망이로 때리고 주물러 그곳에다 그곳에 내려놓았으리라.

―작품, 〈버들강아지〉에서

(2) 작은 깨달음과 행복론

누군가가 그랬었다. 시간은 모두에게 공평한 것이라고. 영원할 것만 같았던 고난의 굴레가 여름 뙤약볕에 긴 그림자로 드리워지던 날, 어떤 이가 내 그림자 아래서 피곤한 몸을 쉬었다 갔다. 또 누군가는 비를 피하며, 커다란 그림자 아래서 사랑을 속삭였다.

닐 파스리차가 제시하는 한 스푼의 행복이란 예상은 가능하지만, 기대하지 못한 작은 상황 뒤에 숨어있다. 계산대의 긴 줄이 서서히 지겨워질 무렵, 새로운 계산대에서 "이쪽으로 오세요."라는 외침 한 마디에 행복해진다.

구내식당에서 식판을 들고 머뭇거릴 때 자신을 보고 손짓하는 친구가 있어 행복하고, 여러 개의 양말이 모두 제 짝이 맞을 때도 행복하다.

목이 마를 때는 물 한 컵이 행복이고, 배고플 때는 한 끼의 식사가 행복이다.

봄이 오면 복사꽃은 여전히 내 곁에서 화려할 것이다.

―작품, 〈은행나무 행복론〉에서

애지중지하던 난초 화분이 번민의 뿌리였음을 깨닫고, 화분을 놓아버림으로써 집착에서 벗어났다던, 법정스님의 〈무소유〉가 생각난다. 어쩌면 눈앞의 고목도 등이 휘도록 매달고 있던 번뇌 주머니들을 내려놓은 홀가분함을 즐기고 있을지도 모를 일이다. 먼지 쌓인 잡지 한 권도 쉬이 버리지 못하는 내가 내려놓는 자의 즐거움을 어찌 알까마는, 저 당당한 품새를 보아하니 과히 틀린 추측만은 아닌듯하다. 가지려고 애쓰는 자의 모습은 늘 지치고 불안할진대, 저리도 의연하게 드러내놓지는 못할 까닭이다.

보내야 할 시기에 조금 더 붙잡고 싶다는 연민이 고뇌의 시작이었으리라고 상상해 본다. 소유와 무소유, 그것은 가진 이의 마음에 따라 즐거운 소유가 되고, 버려야 할 집착이 되기도 하는 것이 아닐까 한다.

-작품, 〈겨울나무〉에서

나무들은 자기가 해야 할 일과 처신할 때를 잘 안다. 모진 추위 속에서도 자신을 다독이며 날이 풀리기를 기다린다. 때에 맞춰 잎을 내고, 비와 땅의 기운을 받아들인다. 또 늦지 않게 꽃을 피우고 열매를 맺는다. 그리고 오늘처럼, 떠날 때를 알아 스스로 별리의 손을 놓는다. 남은 이를 위해서 기꺼이 자신을 버릴 수 있는 것, 이것이 진정한 사랑이 아닐까. 현실을 바로 보고, 떠날 때를 안다는 것이 사람살이에서 가장 어려운 일 아니었던가.

-작품, 〈숲길〉에서

사실 우리들은 식물에 대해서 너무 모른다. 흔히들 식물인간이니, 식물 국회라는 말을 자주 하는 것을 보면, 식물이 흡사 무슨 죽은 유령처럼 비치고 있는 것이 아닌가. 그러나 식물도 말하고, 싸우고 생각한다. 사실상 이 세상과 소통하고 있는 것이다.

화학물질이라는 언어를 통해 식물 간에 서로 의사를 주고받는다는 것을 미국 다트머스대 연구진이 밝혔다. 곤충으로부터 공격을 받은 나무는 자신을 방어하기 위해 유독성 페놀과 탄닌 성분을 만든다는 것이다. 《장미의 부름》이라는 책의 서문을 쓴 루어소식, 도르트문트는, 이 책의 추천의 글에서, "식물은 그들끼리 서로 의사소통을 할 뿐 아니라, 동물과 사람과도 교신을 한다. 식물의 의사소통은 여러 방식으로 이루어지는데, 예를 들면, 화학물질이나 파장, 전자신호 등을 사용한다.

또한 식물들은 우리의 생각도 읽을 수 있다. 그런 식물의 언어를 바탕으로 숲은 정보체계도 갖고 있다. 나무꾼들이 나무 한 그루를 베면 그 숲의 다른 나무들도 모두 그것을 알게 된다. 식물들은 그들이 겪어온 일들을 기억할 수 있다고 기술하고 있는 것이다.

3. 나가면서

서두에서 이미 밝힌 바 있지만, 화자는 자신의 삶의 현장이 바로 수필이 되는 이른바 생활서정수필을 쓴 것이 아니다. 생활현장에 같이 살아가는 나무 꽃 등 자연물과 더불어 공존하는 삶의 모습을 그린 복합적 서술 방법을 응용하여 수필을 창작했다. 그런 의미에서 화자는 철저한 자연주의자라 해도 좋을 것이다.

우리가 산삼이나, 여러 약초들을 생각해 보면, 우리는 이 수필에서 생명공동체라는 삶의 현장, 그 의미를 재발견하게 된다. 그렇게 본다면, 화자의 수필은 생활현장, 그 사는 모습만을 그린 일반 서정수필과는 분명 큰 차이가 난다 하겠다.

앞으로, 이와 같이 복합적 서술방식을 응용한 수필들이 많이 창작되기를 기대해 마지않는다. 좋은 수필을 읽는 즐거움을 준 화자에게 감사하면서 앞으로 더 좋은 수필을 많이 발표해주기 바란다.

강천 수필집
고마리처럼

인쇄 2016년 10월 4일
발행 2016년 10월 7일

지은이 강천
발행인 서정환
펴낸곳 수필과비평사
주소 서울시 종로구 삼일대로 32길 (익선동 30-6 운현신화타워 빌딩) 305호
전화 (02) 3675-3885, (063) 275-4000 · 0484
팩스 (063) 274-3131
이메일 sina321@hanmail.net   essay321@hanmail.net
출판등록 제300-2013-133호
인쇄·제본 신아출판사

저작권자 ⓒ 2016, 강천
이 책의 저작권은 저자에게 있습니다. 서면에 의한 저자의 허락없이 내용의 일부를 인용하거나 발췌하는 것을 금합니다.
COPYRIGHT 2016, by Kang Cheon
All right reserved including the rights of reproduction in whole or un any form.
저자와 협의, 인지는 생략합니다.
잘못된 책은 바꿔 드립니다.

ISBN 979-11-5933-045-2   03810
값13,000원

> 이 도서의 국립중앙도서관 출판시도서목록(CIP)은 서지정보유통지원시스템 홈페이지(http://seoji.nl.go.kr)와 국가자료공동목록시스템(http://www.nl.go.kr/kolisnet)에서 이용하실 수 있습니다.(CIP제어번호: CIP2016022113)

Printed in KOREA

이 책은 (재)경남문화예술진흥원으로부터 제작비 일부를 지원받았습니다.